建筑工程
技术专业

高职高专规划教材

JIANZHU GONGCHENG ZILIAO GUANLI SHIXUN

建筑工程资料管理实训

第三版

王 辉 陈丙义 主 编
尚瑞娟 李 蓓 副主编

化学工业出版社

·北京·

本书以便于学生"零距离"就业为指导思想，以培养学生具备建筑施工企业资料员岗位能力为目标编写而成。全书共七个单元：建筑工程施工管理资料实训，地基与基础分部工程资料实训，主体结构分部工程资料实训，建筑装饰装修分部工程资料实训，建筑屋面分部工程资料实训，建筑给水、排水分部工程资料实训和建筑电气分部工程资料实训。全书以一个典型框架结构工程为例，重点培养学生收集、填写、整理建筑工程施工资料的能力。

本书是高职高专土建类建筑工程技术、工程管理、工程监理等专业的实训教材，也可以作为建筑施工企业、施工员、资料员及工程监理企业、监理员的参考学习用书。

图书在版编目（CIP）数据

建筑工程资料管理实训/王辉，陈丙义主编．—3版．—北京：化学工业出版社，2019.1（2025.1重印）
高职高专规划教材
ISBN 978-7-122-33331-5

Ⅰ.①建⋯　Ⅱ.①王⋯②陈⋯　Ⅲ.①建筑工程-技术档案-档案管理-高等职业教育-教材　Ⅳ.①G275.3

中国版本图书馆CIP数据核字（2018）第268038号

责任编辑：王文峡　　　　　　　　　　　　　装帧设计：张　辉
责任校对：王鹏飞

出版发行：化学工业出版社（北京市东城区青年湖南街13号　邮政编码100011）
印　　装：河北延风印务有限公司
787mm×1092mm　1/16　印张21¼　字数526千字　2025年1月北京第3版第6次印刷

购书咨询：010-64518888　　　售后服务：010-64518899
网　　址：http://www.cip.com.cn
凡购买本书，如有缺损质量问题，本社销售中心负责调换。

定　价：49.00元　　　　　　　　　　　　　　　　　　　　版权所有　违者必究

前言

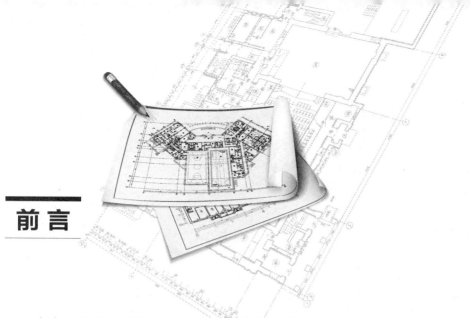

本书是建筑工程资料管理的配套教材，同时又是工程管理、建筑工程技术、工程监理等专业的实训课程教材。本书以一个典型框架结构工程为例，进行建筑工程施工资料管理实训。

通过该课程的实训，可掌握建筑工程施工质量验收的划分和建筑工程分部分项工程及检验批质量验收表的填写方法，掌握单位工程质量验收应具备的条件以及竣工验收资料的填写、收集和整理。

本教材在每个分部工程中均有供实训的表格，学习者可根据所提供的典型工程案例，独立完成实训任务。通过本教材的实训，学习者可具备填写、整理建筑工程资料的能力。

本书自出版以来，深受职业院校工程管理、建筑工程技术、工程监理等多个专业师生和同行专家、学者的好评。由于质量验收规范的更新与实施，本书的修订已刻不容缓。

本书此次修订主要参照《建筑工程资料管理规程》(JGJ/T 185—2009)、《建设工程文件归档规范》(GB/T 50328—2014)、《建筑工程施工质量验收统一标准》(GB 50300—2013)、《混凝土结构工程施工质量验收规范》(GB 50204—2015)、《建筑电气工程质量验收规范》(GB 50303—2015)、《建筑装饰装修工程质量验收标准》(GB 50210—2018)、《建筑地基基础工程施工质量验收标准》(GB 20202—2018)等最新规范进行编写，力求做到规范性、实用型和实效性。

本书由河南建筑职业技术学院王辉和陈丙义担任主编，分别承担了单元1、单元3和单元5的编写工作。河南建筑职业技术学院尚瑞娟和李蓓担任副主编，分别编写了单元2、单元4、单元6和单元7，附录部分由郑州品茗科技有限公司刘海青编写。吴凡、赵临春、吴芳芳、张红涛做了收集资料等工作。全书由郑州建工集团有限公司杨要邦担任主审。

由于编者水平有限，书中难免存在不妥之处，恳请读者批评指正。

编者
2018年9月

第一版前言

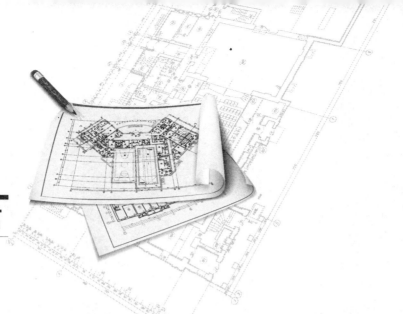

本书是建筑工程资料管理的配套教材，同时又是工程管理、建筑工程技术、工程监理等专业的实训课程教材，以一个典型框架结构教学楼为例，进行建筑工程施工资料管理实训。

通过该课程的实训，可使学生掌握建筑工程施工质量验收的划分和建筑工程分部、分项工程及检验批质量验收表的填写方法，掌握单位工程质量验收应具备的条件以及竣工验收资料的填写、收集和整理。

本教材以实际工程项目为案例进行教学分析，采用指导与实训相结合的教学方案。本教材在每个分部工程中均有供学生实训的表格，学生可根据所提供的典型工程案例为例，在老师和教材的指导下，可独立完成实训任务。

通过本教材的实训，学生可具备填写、整理建筑工程资料的能力。

本教材共有 7 个单元。其中第一单元由河南建筑职业技术学院王辉编写，第二单元由河南建筑职业技术学院尚瑞娟编写，第三单元由河南建筑职业技术学院吴凡编写，第四单元由河南建筑技术学院许法轩编写，第五单元由河南建筑职业技术学院赵临春编写，第六单元由河南建筑职业技术学院吴芳芳编写，第七单元由润华建设有限公司张红涛编写。全书由郑州建工集团有限公司杨要邦担任主审。

由于编者水平有限，书中难免存在不妥和疏漏之处，恳切希望读者批评指正。

编者

2010 年 4 月

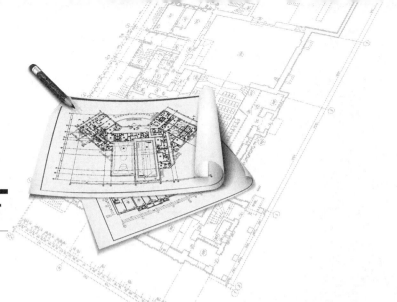

第二版前言

本书第一版自 2010 年出版以来，深受职业院校工程管理、建筑工程技术、工程监理等多个专业师生和同行专家学者的好评。新规范的实施，使得对本书进行修订已刻不容缓。

本书是建筑工程资料管理的配套教材，同时又是工程管理、建筑工程技术、工程监理等专业的实训课程教材，以一个典型框架结构工程为例，进行建筑工程施工资料管理实训。

通过该课程的实训，可使学生掌握建筑工程施工质量验收的划分和建筑工程分部、分项工程及检验批质量验收表的填写方法，掌握单位工程质量验收应具备的条件以及竣工验收资料的填写、收集和整理。

本教材以实际工程项目为案例进行教学分析，采用指导与实训相结合的教学方案。本教材在每个分部工程中均有供学生实训的表格，学生可根据所提供的典型工程案例为例，在老师和教材的指导下，可独立完成实训任务。通过本教材的实训，学生可具备填写、整理建筑工程资料的能力。

本书主要参照《建筑工程资料管理规程》（JGJ/T 185）等规范进行编写，力求做到规范性、实用性和时效性。

本教材共七个单元。其中单元 1 由河南建筑职业技术学院王辉编写，单元 2 由河南建筑职业技术学院尚瑞娟编写，单元 3 由河南建筑职业技术学院吴凡编写，单元 4 由河南建筑技术学院许法轩编写，单元 5 由河南建筑职业技术学院赵临春编写，单元 6 由河南建筑职业技术学院吴芳芳编写，单元 7 由中天建设集团有限公司厉航军编写。全书由郑州建工集团有限公司杨要邦担任主审。

由于编者水平有限，书中难免存在不妥之处，恳切希望读者批评指正。

编　者
2016 年 6 月

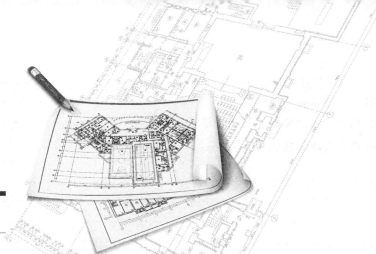

目录

单元 1　建筑工程施工管理资料实训 ··· 1

　1.1　施工资料的填写说明 ··· 1
　　1.1.1　施工管理资料的填写说明 ··· 1
　　1.1.2　施工技术资料的填写说明 ··· 4
　1.2　土建工程质量控制资料填写说明 ······································· 6
　　1.2.1　施工物资资料 ··· 6
　　1.2.2　施工测量记录 ·· 10
　　1.2.3　施工记录 ·· 11
　　1.2.4　隐蔽工程检查验收记录 ·· 12
　　1.2.5　施工检测资料 ·· 13
　1.3　施工管理技术资料的填写实训 ·· 15
　1.4　土建工程质量控制资料填写实训 ······································ 24

单元 2　地基与基础分部工程资料实训 ·· 108

　2.1　地基与基础分部工程中分项工程、检验批的划分 ······················ 108
　2.2　地基与基础分部工程技术资料 ······································· 111
　　2.2.1　检验批、分项工程质量验收记录表 ································ 111
　　2.2.2　地基与基础分部质量验收记录填写 ································ 153

单元 3　主体结构分部工程资料实训 ·· 156

　3.1　主体结构分部工程中分项工程、检验批的划分 ························· 156
　3.2　主体结构分部、分项工程和检验批质量验收记录填写 ·················· 158
　　3.2.1　检验批、分项工程质量验收记录表 ································ 158
　　3.2.2　主体结构分部质量验收记录填写 ·································· 176

单元 4　建筑装饰装修分部工程资料实训 ······································ 179

　4.1　建筑装饰装修分部工程中分项工程、检验批的划分 ····················· 179
　4.2　建筑装饰装修分部工程技术资料 ····································· 182

	4.2.1 检验批、分项工程质量验收记录表	182
	4.2.2 装饰装修部质量验收记录填写	212
	4.2.3 建筑装饰装修分部质量验收记录填写	213

单元 5 建筑屋面分部工程资料实训 ... 315

5.1 建筑屋面分部工程中分项工程、检验批的划分	215
5.2 屋面分部工程资料填写实训	217
	5.2.1 检验批、分项工程质量验收记录表	217
	5.2.2 建筑屋面分部质量验收记录填写	238

单元 6 建筑给水、排水分部工程资料实训 ... 240

6.1 建筑给水、排水分部工程中分项工程、检验批的划分	240
6.2 建筑给水、排水分部工程技术资料	242
	6.2.1 检验批、分项工程质量验收记录表	242
	6.2.2 建筑给水、排水分部质量验收记录填写	272

单元 7 建筑电气分部工程资料实训 ... 273

7.1 建筑电气分部工程中分项工程、检验批的划分	273
7.2 建筑电气分部工程技术资料	275
	7.2.1 检验批、分项工程质量验收记录表	275
	7.2.2 建筑电气分部质量验收记录填写	292

附录 ... 293

| 附录1 《建设工程监理规范》(GB 50319—2013)附表 | 293 |
| 附录2 建筑工程资料信息化 | 318 |

单元 1
建筑工程施工管理资料实训

知识目标

了解施工管理资料的组成,熟悉各类施工管理资料的填写方法。

能力目标

会填写施工现场质量管理检查记录、施工日志、工程开工报告、工程停/复工报告、工程竣工报告、施工组织设计(方案)报审表、技术交底记录、图纸会审记录、设计变更通知单、技术联系(通知)单等建筑工程施工管理资料,会填写钢材试验报告、水泥试验报告、砂试验报告、工程定位测量及复核记录、沉降观测示意图、沉降观测记录、地基验槽记录、混凝土工程施工记录、预应力屋面板构件安装记录、建筑与结构工程主要隐检项目及内容、隐蔽工程验收记录、现场检测委托单、混凝土、砂浆委托单、同条件养护混凝土试块强度评定表、地下室防水效果检查记录、屋面淋(蓄)水试验记录、抽气(风)道检查记录等土建工程质量控制资料。

1.1 施工资料的填写说明

1.1.1 施工管理资料的填写说明

施工管理资料是施工单位依据企业的管理制度实施工程管理过程中,控制投资、质量、安全、工期措施,对人员、物资组织管理活动所形成资料,包括以下资料。

(1)施工现场质量管理检查记录

施工单位应该按照《建筑工程施工质量验收统一标准》(GB 50300—2013)的规定,填写施工现场质量管理检查记录。一个工程的一个标段或一个单位工程通常在开工时检查,由施工单位工程负责人填写,填表时间是在开工之前,检查记录表应附有关文件的原件或复印件。表中可以直接将有关资料的名称写上,资料较多时,也可将有关资料进行编号,填写编号,注明份数。监理单位的总监理工程师(建设单位项目负责人),应对施工现场进行检查,验收核查后,返还施工单位,并签字认可。如检查验收不合格,施工单位必须限期改正,否则不允许开工。

1)现场质量管理制度:主要是图纸会审、设计交底、技术交底、施工组织设计编制审批程序、工序交接、质量检查评定制度、质量好的奖励权法及达不到质量要求的处罚办法、质量例会制度及质量问题处理制度等。

2）质量责任制：指检查质量负责人的分工，各项质量责任的落实规定，定期检查及有关人员奖罚制度等。

3）主要专业工种操作上岗证书：指检查电工、架子工、测量工、起重和塔吊等垂直运输司机、钢筋、混凝土、机械、焊接、瓦工、防水工等工种的操作上岗证书。

4）分包方资质与对分包单位的管理制度：指总承包单位应有管理分包单位的制度，主要是质量、技术的管理制度等。

5）施工图审查情况：是检查施工图审查批准书及审查机构出具的审查报告。

6）地质勘察资料：指有勘察资质的单位出具的正式地质勘察报告。

7）施工组织设计、施工方案及审批：指检查编写内容是否有针对性和可实施性，编制单位、审核单位、批准单位是否齐全。

8）施工技术标准：是操作的依据和保证工程质量的基础，施工单位应编制不低于国家质量验收规范的操作规程等企业标准。

9）工程质量检验制度：包括原材料、设备进场检验制度，施工过程的试验报告，竣工后的抽查检测，应专门制订抽测项目、抽测时间、抽测单位等计划，使监理、建设单位等都做到心中有数。

10）搅拌站及计量设置：主要是检查设置在工地现场搅拌站的计量设施的精度、管理制度等内容。全部采用预拌混凝土时此项目不查。

11）现场材料、设备存放与管理：是为保持材料、设备质量必须有的措施。要根据规定制订现场材料、设备存放与管理制度，有符合要求的库房或料场等。

施工现场质量管理检查记录的填写见表1-1。

（2）施工日志

施工日志记录项目实施过程中技术质量管理和生产经营活动的日记，要求从工程开工之日起至竣工之日止逐日记录，内容完整，能全面反映工程情况，一般由项目经理部确定专人负责填写。施工日志主要内容如下。

1）生产情况：包括现场准备、材料进场情况、施工部位、施工内容、机械作业、安全、技术交底要求情况，班组工作以及生产存在问题等。

2）技术质量安全活动：技术质量安全措施的贯彻实施、质量检查评定验收及发生的技术质量安全问题及处理情况记录。原材料检验结果、施工检验结果的记录。质量、安全、机械事故的记录。有关洽商、变更情况，交代的方法、对象、结果的记录。有关单位业务往来记录。有关新工艺、新材料的推广使用情况记录。气候、气温、地质以及其停电、停水、停工待料的记录。混凝土试块、砂浆试块的留置组数、时间，以及28天的强度试验报告结果的记录等。

施工日志的填写见表1-2。

（3）工程开工报告

由建设单位直接分包的工程，开工时也要填写开工报告。开工报告由总承包单位在完成施工准备并取得施工许可证之后填写，经施工单位的工程管理部门审核通过，法人代表或其委托人签字加盖法人单位公章，应填写工程开/复工报审表，报请监理、建设单位审批。符合开工条件，由监理单位总监理工程师、建设单位项目法人签字，加盖公章后即可开工。

工程开工报告的填写见表1-3。

（4）工程停/复工报告

工程施工过程中发生停工的事件时，由相关单位提出停工要求，填写工程停工报告，建设单位或建筑主管单位批准备案。当具备复工条件时填写工程复工报告，申请复工。

工程停/复工报告的填写见表1-4。

（5）工程竣工报告

竣工报告是指单位工程具备竣工条件后，施工单位向建设单位报告，提请建设单位组织竣工验收的报表。

施工单位在合同规定的承包项目全部完工后，自行组织有关人员进行检查验收，符合合同、设计要求和质量标准的，由施工单位生产部门填写竣工报告，法人代表签字，法人单位盖章，报请监理、建设单位审批。应附一份文字的工程竣工报告。竣工报告填写要求如下。

1）工程名称、结构类型、工程地点、建设单位、施工单位、计划开工日期、实际开工日期、计划竣工日期应与开工报告相一致。

2）建筑面积：填写实际竣工面积。

3）工程造价：填写实际结算价。

4）实际竣工日期：填写达到竣工条件的日期。

5）计划工作日数：指由计划竣工日期和计划开工日期计算的日历天数。

6）实际工作日数：指由实际竣工日期和实际开工日期计算的日历天数。

7）竣工条件说明：写明应完成的工程项目的完成情况；现场建筑物四周整洁情况；技术资料是否齐全；工程质量是否验收合格，提出问题是否整改。

8）未完工程盘点情况：填写未完甩项工程。

9）审核意见：建设单位、监理单位、施工单位负责人均须签字，注明日期并加盖单位公章。

工程竣工报告的填写见表1-5。

（6）竣工验收证明书

竣工验收证明书是指单位工程按设计和施工合同规定的内容全部完工，达到验收规范及合同要求，满足生产、使用并通过竣工验收的证明文件。

建设单位接到竣工报告后，由建设单位项目负责人组织施工总（分）包单位、设计单位、勘察单位、监理单位及有关部门，以国家颁发的施工质量验收规范为依据，按设计和施工合同的内容对工程进行全面检查和验收，通过后办理竣工验收证明书，由施工单位填写竣工验收证明书，报建设、监理等单位签认。

竣工验收证明书填写要求如下。

1）工程名称、结构类型、建筑面积、工程造价、工程地点与竣工报告一致。

2）层数：填写地下几层、地上几层，以斜线隔开。

3）开、竣工日期：填写实际开工、竣工日期。

4）工程内容及检查情况：应简要写明工程概况并按照单位工程质量竣工验收记录逐项填写检查结果。

5）验收意见：填写工程是否通过验收，对未完工程处理意见等，对工程实体、技术资料检查验收合格后填写"同意验收",并签字盖章,填写验收日期。

(7) 工程质量保修书

建设工程实行质量保修制度。建设工程承包单位在向建设单位提交工程竣工验收报告时,应当向建设单位出具质量保修书。质量保修书中应当明确建设工程的保修范围、保修期限和保修责任等。

在正常使用条件下,建设工程的最低保修期限应符合国家规定。

1.1.2 施工技术资料的填写说明

施工技术资料是施工单位用以指导、规范和科学化施工的资料。包括单位工程施工组织设计、技术交底记录、质量交底记录、设计交底记录、图纸会审记录、设计变更通知单、工程洽商记录、技术联系(通知)单。

(1) 单位工程施工组织设计

施工组织设计是指施工单位开工前根据工程概况、特点、建设地点与环境特征、施工条件、项目管理特点及总体要求,对工程所做的施工组织、施工工艺、施工计划等方面的设计,是指导拟建工程全过程中各项活动的技术、经济和组织的综合性文件。

施工单位编制单位工程施工组织设计,经施工单位相关部门审核,由总工程师审批后填写工程技术文件报审表,报监理单位审定签字实施。

施工组织设计(方案)报审表的填写见表1-6。

(2) 技术、质量交底记录

1) 技术、质量交底是分部分项工程实施过程中具体要求与指导文件,是施工操作的依据。一般按分项工程编制,编制时要符合施工图、设计变更、施工技术规范、施工质量验收标准、操作规程、施工组织设计、施工方案、分项工程施工操作技术、新技术施工方法的要求,是施工组织设计和施工方案的具体化,具有很强的可操作性。

交底时应注意关键项目、重点部位、新技术、新材料项目,结合操作要求、技术规定、质量、安全、定额、工期及注意事项,详细交代清楚。交底的方法可采用书面交底,也可采用会议交底。但是必须有书面交底记录。

2) 技术、质量交底应根据工程性质、类别和技术复杂程度分级进行,交底人由总工程师、技术质量部门负责人、项目技术负责人、有关技术质量人员及施工人员分别负责,并由交底人和被交底人签字确认。

技术交底记录的填写见表1-7。

(3) 设计交底记录

设计交底是建设单位在施工前组织,召集设计、监理和施工单位人员,由设计人员对工程重点部位、重要结构、新技术、新材料项目进行设计交底,并填写设计交底记录,经各方签字后实施。

(4) 图纸会审记录

图纸会审记录是对已正式签署的设计文件进行交底、审查和会审,对提出的问题予以记录的技术文件。

施工前,由建设单位组织,召集设计单位、监理单位、施工单位参加共同进行图纸会审,将施工图中将要遇到的设计矛盾、技术难点进行协调解决,由施工单位进行记录整理汇总,填写图纸会审记录,经各方签字后实施。参加会审的专业人员和单位,签字盖章要齐全。

图纸会审记录的填写见表1-8。

(5) 设计变更通知单

设计变更针是对项目设计的建筑构造、细部做法、使用功能、钢筋代换、细部尺寸修改、设计计算错误等问题提出修改意见。提出修改意见的可以是建设单位、设计单位、施工单位，设计变更必须经过设计单位同意，并提出设计变更通知单或设计变更图纸。

由设计单位或建设单位提出的设计图纸修改，应由设计单位提出设计变更联系单。由施工单位要求设计变更和确认设计的问题，施工单位提出技术联系单通过监理或建设单位确认后，由设计单位提供设计变更联系单。

工程设计变更时，设计单位签发设计变更通知单，经项目总监理工程师（建设单位负责人）审定后，转交施工单位实施。

设计变更通知单的填写见表1-9。

(6) 工程洽商记录

工程洽商记录应分专业办理，内容应该翔实，如果涉及设计变更时应由设计单位出具设计变更通知单。工程洽商记录由提出方填写，各参加方签字。

(7) 技术联系（通知）单

技术联系（通知）单是用于施工单位与建设、设计、监理等单位进行技术联系与处理时使用的文件。技术联系（通知）单应写明需解决或交代的具体内容。

(8) 工程质量事故处理记录

工程质量事故是指在工程建设过程中或在交付使用后，因勘察、设计、施工等过失造成工程质量不符合有关技术标准、设计文件以及施工合同规定的要求，需加固补强、返工、报废及造成人身伤亡或者重大经济损失的事故。对其发生情况及处理的记录形成工程质量事故报告和工程质量事故处理记录。工程质量事故报告、工程质量事故处理记录填写要求如下。

1) 工程质量事故报告日期填写填表日期，事故发生部位、直接责任人按实际情况填写。

2) 事故性质：按技术问题（事故）还是责任问题（事故）分类填写。

3) 事故等级：按重大事故或一般事故分类填写。

4) 事故经过和原因分析：要填写事故发生经过及事故发生的主要原因。

5) 预计损失：指因质量事故导致的材料、设备、建筑和人员伤亡等预计损失费用。

6) 事故初步处理意见：填写事故发生后采取的紧急防护措施以及需制定的事故处理方案，对责任单位、责任人的处理意见。

7) 事故处理结果：填写质量事故经处理后，工程实体质量是否符合事故处理方案的要求，是否满足工程原来对结构安全和使用功能的要求。

事故处理后由监理（建设）、设计、施工单位技术负责人共同对事故处理结果进行验收，填写验收意见并签字盖章。

工程质量事故报告应由施工单位技术负责人、施工项目经理、专业技术负责人共同签字，并加盖施工单位公章。

工程质量事故处理记录应由施工项目经理、专业技术负责人、质检员、施工工长签字。

1.2 土建工程质量控制资料填写说明

工程质量控制资料包括施工物资资料、施工测量记录、施工记录、隐蔽工程检查验收记录、施工检测资料、施工测量记录、施工记录、隐蔽工程检查验收记录、施工检测资料,其中是在施工过程当中产生的,称为施工过程资料。

1.2.1 施工物资资料

(1) 钢材

工程中应用的钢材有钢筋、型钢及连接材料,是主要的建筑材料之一,关系到建筑结构的安全,在资料管理中数量比较多,比较复杂。钢材进场时应有出厂质量证明文件并进行见证取样和送检。

1) 出厂质量证明及出厂试验报告单的要求 产品的出厂合格证由其生产厂家质量检验部门提供给使用单位,用以证明其产品质量已达到的各项规定指标。其主要内容包括出厂日期、检验部门印章、合格证的编号、钢种、规格、数量、机械性能、化学成分等数据和结论。

2) 见证取样及试验要求 进场时应按炉罐(批)号及规格分批检验,核对标志及外观检查,并应按照有关标准的规定抽取试样做机械性能试验。

钢筋和型钢的必试项目有物理必试项目和化学分析。其中物理必试项目包括拉力试验,如屈服强度、抗拉强度、伸长率、冷弯试验,冷拔低碳钢丝为反复弯曲试验。化学分析主要是分析材料中的碳(C)、硫(S)、磷(P)、锰(Mn)、硅(Si)等元素的含量。

钢筋和型钢的试验报告单中的各个栏目,如委托单位、工程名称及部位、委托试样编号、试件种类、钢材种类、试验项目、试件代表数量、送样时间、试验委托人等,试验报告单中试验编号、各项试验的测算数据及结论、报告日期、试验人、计算人、审核人、负责人签字、试验单位公章等必须齐全。

3) 其他要求 试验报告单中的指标,如有一项不符合技术要求,应取双倍试件进行复试。复试合格则该批合格,如果复试不合格,则判定该验收批钢筋为不合格。对于不合格的材料不得使用,并应做出相应的处理报告。复试合格单附于此报告单的后面存档。

钢筋、型钢存在下列情况之一者,如进口的钢筋或钢材、在加工过程中发生脆断或焊接性能不良或机械性能显著不正常的,必须做化学成分检验。对于有特殊用途要求的,还应进行相应的专项试验。

与钢材相关的资料,有出厂质量证明及出厂试验报告单、见证取样送样单、现场试验钢材物理性能试验报告、钢材化学分析试验报告、供应单位提供的钢筋机械连接性式检验报告。

钢材试验报告的填写见表1-10。

(2) 水泥

1) 出厂质量证明及出厂试验报告单的要求 合格证中应含有水泥的品种、强度等级、出厂日期、强度(抗折和抗压)、安定性、试验编号等项内容和性能指标。其各项内容和性能指标应填写齐全。

水泥生产单位应在水泥出厂7天内提供3天或7天各项试验结果的出厂质量证明，28天试验结果应在水泥发出日起32天内补报。水泥的强度应以标养28天试件试验结果为准。

其合格证备注栏内应由施工单位填明使用工程的名称、使用的工程部位，并加盖水泥厂印章。

2）见证取样及试验要求　水泥是主要的建筑材料之一，建筑物各个分部分项工程均有使用，关系到建筑结构的安全，在资料管理中数量比较多。水泥进场时应有出厂质量证明文件并进行见证取样和送检。

使用单位应对其包装或散装仓号、品种、强度等级、出厂日期等进行认真地检查、核对、验收，按批量见证取样及送检。

水泥复试的主要项目有抗折强度与抗压强度、凝结时间、安定性等。常用水泥的必试项目有水泥的抗压强度与抗折强度、水泥安定性、水泥初凝时间等。必要时的试验项目有细度、凝结时间等。

3）其他要求　如果水泥的批量较大，厂方提供合格证又较少时，可用复印件（如抄件）备查。

进口水泥、出厂超过3个月或快硬硅酸盐水泥超过1个月、承重结构使用的水泥、使用部位对水泥有强度等级要求的，必须进行复试，并且原混凝土配合比应重新试配。

水泥试验报告的填写见表1-11。

（3）砂、石材料

工程中应用的砂、石材料主要有砂、碎石、卵石，砂、石材料进场时应有出厂质量证明文件，并应按规定见证取样和送检。

1）出厂合格证要求　砂、碎石（卵石）产品的出厂合格证由其生产厂家提供给使用单位，其主要内容包括出厂日期、检验部门印章、合格证的编号、品种、规格、数量、颗粒级配、密度、含泥量等数据和结论。

2）见证取样及试验要求　使用前应按照品种、规格、产地、批量的不同进行取样试验，取样频率应符合要求。砂的必试项目有筛分析、含泥量、泥块含量。碎石（卵石）的必试项目有筛分析，含泥量，泥块含量，针、片状颗粒含量，压碎指标。对于用来配制有特殊要求的混凝土的砂、碎石（卵石），还需做相应的项目试验。对碱骨料有要求的工程或结构，供应单位还应提供砂、石的碱活性检验报告。

3）其他要求　有下列情况之一者的，如进口砂或碎石（卵石）、无出厂证明的砂或碎石（卵石）、对砂或碎石（卵石）质量有怀疑的、用于承重结构的砂和碎石（卵石），必须进行复试，混凝土配合比应重新试配。

砂、石合格证要编号，且编号应与试验报告单中的试验编号对应，以便于施工试验资料、隐检记录、质量验收记录等资料的编制时填写，保证实际所用的工程、部位与施工资料一一对应相符。

出厂质量合格证和试验报告单相关的施工资料还有施工组织设计、技术交底、洽商记录、施工日志、混凝土及砂浆配合比申请单及通知单、混凝土及砂浆试块抗压强度报告等。

与砂、碎石（卵石）原材料有关的资料有出厂合格证、砂试验报告、碎（卵）石试验报告。

砂试验报告的填写见表1-12。

（4）混凝土

1）预拌混凝土　预拌混凝土供应单位必须向施工单位提供以下资料：配合比通知单，预拌混凝土运输单，预拌混凝土出厂合格证（32天内提供），混凝土氯化物和碱总量计算书。

预拌混凝土单位应将以下资料整理存档，并具有可追溯性：混凝土试配记录，水泥出厂合格证和试（检）验报告，砂和碎（卵）石试验报告，轻集料试（检）验报告，外加剂和掺合料产品合格证和试（检）验报告，开盘鉴定，混凝土抗压强度报告（出厂检验混凝土强度值应填入预拌混凝土出厂合格证），抗渗试验报告（试验结果应填入预拌混凝土出厂合格证），混凝土坍落度测试记录（搅拌站测试记录）和原材料有害物含量检测报告。

2）现场搅拌混凝土　应有使用原材料的质量证明文件、混凝土配合比试验报告、混凝土开盘鉴定、混凝土抗压强度检测报告和混凝土抗渗性能检测报告。

混凝土工程一般会涉及以下表格：混凝土浇灌申请书，混凝土抗压强度报告（现场检验），抗渗试验报告（现场检验），混凝土试块强度统计，评定记录（现场），混凝土试块养护记录。

3）预制构件　预制构件加工单位应向施工单位提供合格证。出厂合格证中的项目有：委托单位，工程名称，构件的名称、型号、数量及生产日期，合同证编号，合同编号，混凝土设计强度的等级、配合比编号、出厂强度，主筋的种类、规格、机械性能，结构性能，生产许可证等，项目应填写齐全，不得错填和漏填。

施工单位使用预制构件时，预制构件加工单位应保存各种原材料，如钢筋、型钢、钢丝、预应力筋、木材、混凝土组成材料的质量合格证明、复试报告等资料，以及混凝土、钢构件、木构件的性能试验报告和有害物含量检测报告等资料，并应保证各种资料的可追溯性；施工单位必须保存加工单位提供的预制混凝土构件出厂合格证、钢构件出厂合格证以及其他构件合合格证和进场后的试验检验报告。

（5）外加剂

外加剂主要包括减水剂、早强剂、缓凝剂、泵送剂、防冻剂、膨胀剂、引气剂、速凝剂和砌筑砂浆增塑剂等。在其进场时应有出厂质量证明文件，并应按规定见证取样和送检，有试验报告。

合格证的内容包括厂家名称、产品名称、产品特性、主要成分与含量、适用范围、适宜掺量、使用方法与说明、注意事项、匀质性指标、掺外加剂混凝土性能指标、包装、质量、储存条件、出厂日期、有效期等。

外加剂使用前应按照现行产品标准和检测方法标准规定进行取样复试，应具有复试报告；承重结构使用的外加剂应进行见证取样和送检。

钢筋混凝土结构所使用的外加剂应有氯化物有害物含量的检测报告。当含有氯化物时，应做混凝土氯化物总含量的检测，其总含量应符合国家现行标准要求。

（6）掺合料

掺合料主要包括粉煤灰、粒化高炉矿渣粉、沸石粉、硅灰和复合掺合料等。

掺合料进场时应有出厂质量证明文件，并应按规定见证取样和送检，有掺合料试验报告。

用于结构工程的掺合料应按规定取样复试,具有应有复试报告。

(7) 轻骨料

轻骨料进场时应有出厂质量证明文件,使用前应按规定见证取样和送检,有轻骨料试验报告。

(8) 砖与砌块

砖与砌块进场时应有出厂质量证明文件,使用前应按规定见证取样和送检,有试验报告。

见证取样和送检应按照品种、规格、产地、批量的不同进行取样试验。砖的必试项目为抗压强度。对其材质有怀疑的或用于承重结构的,应进行复试。

(9) 木结构工程物资

木结构工程物资主要包括方木、原木、胶合木、胶合剂、钢连接件、胶合木构件等。进场时应有出厂质量证明文件,并应进行见证取样和送检,有相应试验报告。主要物资应有出厂质量合格证明文件,包括产品合格证、检测报告等。

木构件应有含水率试验报告,结构用圆钉应有强度检测报告。

(10) 建筑节能物资

建筑节能物资包括建筑砌块、板材、节能门窗、建筑密封胶、粘接苯板专用胶、耐碱玻璃纤维网格布、铆钉、绝热用模塑聚苯乙烯泡沫塑料(EPS)、绝热用挤塑聚苯泡沫塑料(XPS)及胶粉 EPS 颗粒浆料等。

建筑节能产品进场时应有出厂质量证明文件,并应按规定见证取样和送检,有试验报告。

(11) 装饰装修物资

装饰装修物资主要包括抹灰材料、地面材料、门窗材料、吊顶材料、轻质隔墙材料、饰面板(砖)、石材、涂料、裱糊与软包材料和细部工程材料等。

装饰、装修工程所用的主要装饰装修物资进场时应有出厂质量证明文件,并应进行见证取样和送检,有相应试验报告。

建筑外窗应有力学、物理和保温性能试验报告。抗风压性能、空气渗透性能和雨水渗透性能检测报告。

有隔声、隔热、防火阻燃、防水防潮和防腐等特殊要求的物资应有相应的性能试验报告。需做污染物检测的装饰材料,应有污染物含量试验报告,室内装饰装修用花岗岩石材应有放射性试验报告,人造木板及饰面人造板应有甲醛含量试验报告。

(12) 幕墙工程物资

幕墙工程物资主要包括玻璃、石材、铝塑金属板、铝合金型材、钢材、黏结剂及密封材料、五金件及配件、连接件和涂料等。

幕墙工程物资主要物资应有出厂质量合格证明文件,包括产品合格证、检测报告、商检证等。

幕墙工程用玻璃、石材和铝塑板应有法定检测机构出具的性能检测报告。

幕墙应有抗风压性能、空气渗透性能、雨水渗透性能及平面变形性能的检测报告,并应符合设计和现行规范的要求。酮结构胶应有国家指定检测机构出具的相容性和剥离粘接性检验报告。

玻璃、石材和金属板应有法定相应资质等级检测机构出具的性能检测报告。在正式使用前必须按现行规范要求取样复试。

幕墙应使用安全玻璃，具有应有安全性能检测报告，并按有关规定取样复试。幕墙用铝合金型材应有涂膜厚度的检测，并符合设计和规范要求。

幕墙用防火材料应有相应资质等级国家法定检测机构出具的耐火性能检测报告。

（13）防水材料

防水材料主要包括防水涂料、防水卷材、胶黏剂、止水带、膨胀胶条、密封膏、密封胶、水泥基渗透结晶型防水材料等。其进场时应有出厂质量证明文件，并应按规定见证取样和送检，并出具防水涂料试验报告、防水卷材试验报告。

1）出厂合格证要求　防水材料的出厂合格证，主要内容包括出厂日期、检验部门印章、合格证的编号、品种、规格、数量、各项技术指标、包装、标识、重量、面积、产品的外观、物理性能等。

2）其他要求　防水卷材见证取样和送检频率应符合规范要求。

防水卷材在使用前应进行试验，检验内容为不透水性、拉力、柔度和耐热度等。

沥青在使用前应进行试验，试验的内容为针入度、软化点和延度等。

在配制玛蹄脂或直接使用普通石油沥青时，均应按照规范要求进行耐热度、黏结力、柔韧性等三性试验。玛蹄脂还应有试配单。

1.2.2 施工测量记录

施工测量记录是施工过程中根据规划设计进行测设或对测设的成果进行复核的记录。用测量仪器和工具，对工程的位置、垂直度及沉降量等进行度量和测定所形成的记录。记录中应有测量依据和过程，并应进行复核检查，由施工单位填写工程定位测量记录，填报施工测量放线报验表，报监理工程师及有关人员验收签字。

（1）工程定位测量

依据规划部门提供的建筑红线或控制点的坐标，按照总平面图设计要求，测设建筑物位置、主控轴线、建筑物的±0.000高程，建立场地控制网，由施工单位填写工程定位测量记录，填报施工测量放线报验表，报监理单位审核签字后，由建设单位报规划部门验线。

工程定位测量及复核记录的填写见表1-13。

（2）基槽（孔）验线

依据场地控制网和基础平面图，检验基础正式施工前建筑物的位置、标高、基槽（孔）断面尺寸、坡度等，看其是否符合设计要求，填写基槽（孔）验线记录。

（3）楼层平面放线

依据场地控制网对各楼层轴线、各层墙柱轴线与边线、门窗洞口位置及平面尺寸、楼层标高进行测设等。施工单位完成楼层平面放线后，应填写楼层平面放线记录。

（4）建筑物垂直度、标高、全高测量

施工单位在结构工程施工和工程竣工时，选定测量点及测量次数，对建筑物垂直度和全高进行实测，填写建筑物垂直度、标高、全高测量记录。

（5）建筑物沉降观测测量

施工单位依据观测方案，按楼层（载荷阶段）进行测量和记录各沉降观测点的沉降值，整理填写沉降观测成果表、绘制沉降观测点分布图及沉降曲线图，编制沉降观测分析报告。

沉降观测示意图和沉降观测记录的填写分别见表 1-14-(1) 和表 1-14-(2)。

1.2.3 施工记录

施工记录是施工过程中对重要工程项目或关键部位的施工方法、使用材料、构配件、操作人员、时间、施工情况等进行的记载，并经有关人员签字。

（1）交接检查验收记录

各参建单位之间，在对所施工工程相互交接时，应进行交接检查验收，填写交接检查验收记录。其记录的内容包括质量情况、遗留问题、工序要求、注意事项、成品保护等。

（2）地基验槽检查记录

所有建（构）筑物必须进行地基基槽（孔）验收，检查持力层的土质与设计要求、勘探报告的土质是否一致，土质颜色是否均匀一致，且坚硬程度一样，是否出现异常现象，如地基有无局部软硬不均的地方，有无坑、穴、洞、古墓、人防等，保证建筑物的结构安全。

内容包括基坑（孔）位置、平面尺寸、持力层核查、基底绝对高程和相对标高、基底土质、地下水位等。填写基坑验槽（孔）记录，由建设、勘察、设计、监理、施工单位共同验收签字。地基验槽记录的填写见表 1-15。

（3）地基处理记录

验槽后，存在是否出现异常现象，确实需要进行地基处理时，先由勘察设计单位提出处理方案，施工单位记录并编制书面处理方案。按地基处理方案实施并验收。

施工单位应依据设计单位出具的处理方案进行地基处理，填写地基处理记录，报勘察、设计、监理（建设）单位检查验收。

（4）预拌混凝土运输交接

预拌混凝土供应单位应随车向施工单位提供预拌混凝土运输交接记录。应检查提供运输单的混凝土等级等指标与委托单合同相符、实际坍落度是否符合要求。冬期施工时应测量现场出罐温度。

（5）混凝土开盘鉴定

按照试验室提供的混凝土配合比在现场首次配制使用时，由施工单位、监理单位、搅拌机组、混凝土试配单位进行开盘鉴定，保证现场施工所用材料、拌合物性能与试验条件相符，以满足设计要求和施工需要。预拌混凝土，由混凝土供应单位进行开盘鉴定并保存相应资料。现场拌制混凝土由施工单位填写混凝土开盘鉴定，鉴定结论由参加各方协商填写。

（6）混凝土工程施工记录

混凝土工程施工过程中应对混凝土施工中的搅拌过程、浇筑过程、试块留置情况，材料使用情况、监理单位旁站见证情况进行记录，填写混凝土工程施工记录。

冬季混凝土施工时，应进行搅拌和养护的测温记录，混凝土冬期施工搅拌测温记录应包括大气温度、原材料温度、出罐温度、入模温度等，填写混凝土搅拌测温记录。

（7）混凝土浇灌、拆模申请批准单

浇筑混凝土前施工单位应对要隐蔽的钢筋工程、模板工程、水电安装工程，进行检查验收，合格后，填写混凝土浇灌申请书报监理单位审批同意后方可浇筑混凝土。

在拆除现浇混凝土结构板、梁、悬臂构件等底模前，拆模时混凝土强度应按设计要求；当设计无要求时，应按现行规范要求。施工单位应填写混凝土拆模申请批准单，并附同条件混凝土强度等级报告，报项目专业负责人审批后报监理单位审核，通过后方可拆模。

(8) 混凝土养护测温

混凝土冬季施工养护测温根据冬期施工方案要求进行测温记录，包括大气温度、各测温孔的实测温度、同一时间测得的各测温孔的平均温度和间隔时间等，先绘制测温点布置图，包括测温点的部位、深度等。填写混凝土养护测温记录。

(9) 大体积混凝土养护测温记录

大体积混凝土施工应有对混凝土入模时大气温度、养护温度记录、内外温差记录并对裂缝进行检查记录。填写大体积混凝土养护测温记录，大体积混凝土养护测温应附测温点布置图和温度曲线分析图。

(10) 混凝土结构同条件养护试件测温

混凝土结构同条件养护试件应进行测温，填写混凝土结构同条件养护试件测温记录。同条件试件养护时间应在达到等效养护龄期时进行强度试验。

(11) 构件安装

预制混凝土结构构件、钢结构、大型钢、木构件吊装，应对构件型号名称、安装位置、外观检查、楼板堵孔、清理、锚固、构件支点的搁置与搭接长度、接头处理、固定方法、标高、垂直偏差等内容检查记录，填写构件安装记录、构件吊装记录，报监理单位审核签字。

(12) 焊接材料烘焙

焊接材料在使用前应进行烘焙，对烘焙方法、烘干温度、要求烘干时间、实际烘焙时间和保温要求等内容进行记录。

(13) 木结构施工记录

木结构工程应对制作、安装、防腐、防火处理等施工情况进行记录，由专业施工单位提供施工记录。

仿古建筑木结构工程施工记录应由专业施工单位负责提供，并单独组卷。

(14) 支护与桩（地）基工程施工记录

桩（地）基施工单位在施工过程中，应按规定做桩施工记录。检查内容主要对包括孔位、孔径、孔深、桩体垂直度、桩顶标高、桩位偏差、桩顶完整性和接桩质量等进行检查并记录。

在基坑开挖和支护结构使用期间，当设计有指标应以设计指标及要求为依据进行过程监测，如设计无要求，应按规范要求规定对重要的支护结构进行监测，保留并做好变形监测记录。

支护与桩（地）基工程施工记录由施工单位自行记录或设计表格，或按照当地管理部门要求表格填写。

1.2.4 隐蔽工程检查验收记录

在施工过程中被上道工序隐蔽的重要工程或关键部位要填写隐蔽工程检查验收记录，记录中工程名称、隐检项目、隐检部位及日期必须填写准确；隐检依据、主要材料名称、规格型号、试验单编号应准确，有变更项目资料应填写变更单编号；检查验收人员签字应完整齐全。施工单位填写隐蔽工程检查验收记录，报监理单位审核签认。

建筑与结构工程主要隐检项目及内容见表1-16。隐蔽工程验收记录的填写见表1-17。

1.2.5 施工检测资料

施工检测资料是对关系到使用安全和使用功能的已完分部分项工程质量、设备单机试运转、系统调试运行进行现场检测、试验或实物取样试验等所形成的资料。

(1) 施工检测记录

施工检测按规定应委托有相应资质检测单位进行,并填写现场检测委托单。

按照设计要求和规范规定由施工单位做施工检测的工程项目,当没有专用施工检测用表时,应自制表格并填写施工检测记录。现场检测委托单的填写见表1-18。

(2) 设备单机试运转记录

由施工单位、监理单位对已安装完的设备工程,进行设备单机试运转测试,填写设备单机试运转记录。

(3) 系统调试、试运行记录

由施工单位、监理单位对已安装完的排水与采暖系统、水处理系统、通风系统、制冷系统、净化系统、电气系统及智能系统等进行调试、试运行,填写系统调试、试运行记录。

(4) 锚固抗拔承载力检测

用于建筑工程结构上的预埋件、后置埋件、植筋等涉及结构安全与使用功能的工程项目,由施工单位委托检测单位检测锚固抗拔承载力,检测单位出具锚固抗拔承载力检测报告。

(5) 地基载荷试验

当设计要求或地基处理需要进行地基承载力检测时,由施工单位委托检测单位检测地基承载力,检测单位出具地基载荷试验报告,并绘制检测平面示意图。

(6) 回填土

土方回填工程由施工单位委托试验单位测定土的最大干密度和最优含水率,确定最小干密度控制值,进行土方回填施工,试验单位出具土工击实试验报告。完工后施工单位委托试验单位进行现场分段、分层取样检测回填土的质量,回填土密度检测报告,附有按要求绘制的回填土取样点平面示意图。

(7) 钢筋焊接接头、机械连接接头

正式焊(连)接工程开始前及施工过程中,应对每批进场钢筋,在现场条件下进行工艺检验,工艺检验合格后方可进行焊接或机械连接的施工。

钢筋连接验收批的划分及取样数量和必试项目应符合相关规定。

按焊(连)接检测,由试验单位出具钢筋焊(连)接检测报告。

(8) 砌筑砂浆

砌筑工程施工前应委托试验室出具的砂浆配合比试验报告。

砌筑工程施工过程中的砌筑砂浆按规定留置龄期为28天标养试件,取样数量执行规定要求,并实行见证取样和送检,由试验单位出具砂浆抗压强度检测报告。

砂浆强度不合格,或未按规定留置试件的,由检测机构进行贯入法砌筑砂浆强度检测,检测单位出具贯入法砌筑砂浆强度检测报告。

砌筑工程验收时应进行强度统计评定,填写砌筑砂浆试块抗压强度统计、评定记录。

(9) 混凝土

混凝土施工前施工单位应委托检测机构进行混凝土强度配合比试验,试验室出具混凝土配合比试验报告。

施工过程中施工单位应按规定留置龄期为 28 天标养试件和同条件养护试件,取样数量执行规定要求,并实行见证取样和送检,填写混凝土、砂浆检验委托单,由检测单位出具混凝土抗压强度检测报告。冬期施工还应有受冻临界强度和负温转入常温 28 天同条件试件的抗压强度检测报告。

混凝土工程验收应进行强度统计评定,填写混凝土试块抗压强度统计、评定记录。

混凝土强度不合格,或未按规定留置试件的,由检测机构进行回弹法或取芯法混凝土强度检测,应有回弹法混凝土强度检测报告或取芯法混凝土强度检测报告。

抗渗混凝土应有混凝土抗渗性能检测报告。

有特殊性能要求的混凝土,应有专项试验检测资料。

混凝土、砂浆委托单的填写见表 1-19。同条件养护混凝土试块强度验收记录的填写见表 1-20。

(10) 混凝土结构实体检验

按照规定要对混凝土钢筋保护层厚度、混凝土实体强度进行结构实体检验,并实行见证取样或确定检测部位,委托检测机构检测,由检测机构检测出具结构同条件养护试件的混凝土抗压强度检测报告,钢筋保护层厚度检测报告。

(11) 建筑装饰装修工程

装饰装修工程使用的砂浆和混凝土应有配合比试验报告和强度检测报告,有抗渗要求的还应有抗渗性能检测报告。

外墙饰面砖粘贴前,应在相同基层上做样板件,并对样板件的饰面砖粘接强度进行检测,有饰面砖黏结力检测报告,检验方法和结果判定应符合相关标准规定。

(12) 地下工程防水效果检验

地下工程验收时,应对地下工程有无渗漏现象进行检查,主要检查裂缝、易渗漏水部位和处理意见等内容。填写地下工程防水效果检验记录。如有渗漏情况应绘制背水内表面结构工程展开图。

(13) 防水工程淋(蓄)水检验

有防水要求的工程项目应有蓄水检查记录,检查蓄水方式、蓄水时间、蓄水深度、水落口及边缘封堵情况和有无渗漏现象等内容。验收屋面工程时,进行雨期观察或淋水、蓄水检查。淋水试验持续时间不得少于 2 小时;屋面做蓄水检查的,蓄水时间不得少于 24 小时。游泳池、消防水池等蓄水工程,有防水要求的地面工程应进行蓄水检验。填写防水工程淋(蓄)水检验记录。

(14) 建筑通风(烟)道检查

建筑通风(烟)道应全数做通(抽)风和漏风、串风等检查试验,并填写通风(烟)道检查记录。

(15) 墙体保温性能检测

建筑工程完工后,应对外墙进行保温性能检测,由检测机构出具墙体传热系数检测报告。

(16) 室内环境污染物检测

民用建筑工程应按照现行国家规范要求,工程交付使用前对室内环境进行质量验收。

由建设单位填写室内环境污染物检测委托单,应委托检测机构进行检测,有室内环境污染物检测报告。

1.3 施工管理技术资料的填写实训

表1-1 施工现场质量管理检查记录

开工日期：

工程名称			施工许可证号	
建设单位			项目负责人	
设计单位			项目负责人	
监理单位			总监理工程师	
施工单位		项目负责人	项目技术负责人	
序号	项目		主要内容	
1	项目部质量管理体系			
2	现场质量责任制			
3	主要专业工种操作岗位证书			
4	分包单位管理制度			
5	图纸会审记录			
6	地质勘察资料			
7	施工技术标准			
8	施工组织设计、施工方案编制及审批			
9	物资采购管理制度			
10	施工设施和机械设备管理制度			
11	计量设备配备			
12	检测试验管理制度			
13	工程质量检查验收制度			
14				
自检结果：			检查结论：	
施工单位 项目负责人： 年 月 日			总监理工程师： 年 月 日	

表 1-2　施工日志

工程名称			施工单位		
时间＼项目	天气状况	风力	最高/最低温度	备注	
白天					
夜间					
生产情况记录(施工部位、施工内容、机械作业、班组工作、生产存在的问题等)					
技术质量安全工作记录(技术质量安全活动、检查评定验收、技术质量安全问题等)					
记录人			日期		年　月　日　星期

表 1-3 工程开工报告

工程名称： 合同号： 施工单位：

建设单位		设计单位	
建筑面积		结构及层数	
供料方法		投资来源	

建设单位开户银行及账号：
施工图预(概)算价值：

建筑		安装		合计	

计划开竣工日期：   年 月 日至 年 月 日
建筑执照：
施工许可证：   施工单位盖章： 监理工程师签字： 年 月 日

注：本表一式三份，建筑单位、监理单位、施工单位各一份。

表 1-4　工程停/复工报告

工 程 名 称		施 工 单 位	
停/复工日期		预计/实际停工日期	

复工条件： 停工原因：   复工条件：

建设单位审批意见	监理单位审批意见	施工单位意见
    （公章） 建设单位项目负责人签字： 　　　年　月　日	 （公章） 项目总监理工程师签字： 　　　年　月　日	 （公章） 项目经理签字： 　　　年　月　日

表 1-5 工程竣工报告

工程名称		建筑面积	
工程地点		建筑层数	
建设单位		工程造价	
设计单位		勘察单位	
施工单位		监理单位	

建设单位：
本单位确认
一、完成工程设计和合同约定的各项内容。
二、建设行政主管部门及工程质量监督机构责令整改的问题全部整改完毕。
三、对工程质量进行了全面检查，工程质量符合有关法律、法规和工程建设强制性标准，符合设计文件及合同要求，工程质量达到_____标准(见附件单位工程质量综合评定表)。
四、技术资料完整，主要建筑材料、建筑构配件和设备的进场试验报告齐全。
五、已签署工程质量保修书(验收时送你单位)。
六、其他
本单位认为工程已具备竣工验收条件，请你单位办理相关手续，于_____年_____月_____日进行竣工验收。

施工单位:(盖章)　　项目经理:(签名)_____　　法人代表:(签名)_____

总　　监:(签名)

年 月 日

表 1-6 施工组织设计（方案）报审表

工程名称：　　　　　　　　　　　　　　　　　　　　　　　编号：

致：　　　　　　　　　　　　　　　　　　　　　　　　（监理单位）

　　我方已根据施工合同的有关规定完成了_____工程施工组织设计（方案）的编制，并经我单位上级技术负责人审查批准，请予以审查

附件：施工组织设计（方案）

承包单位（章）_____

项目经理_____

日　　期_____

专业监理工程师审查意见：

专业监理工程师_____

日　　期_____

审查意见：

项目监理机构_____

总监理工程师_____

日　　期_____

注：本表各相关单位各存一份。

表 1-7　技术交底记录

　　　　　　　　　　　　　　　　　　　　　　　　　　　　　　　　　　　　　年　月　日

工程名称		分部工程	
分项工程名称			
交底内容			
技术负责人		交底人		接受人	

表1-8 图纸会审记录

工程名称			会审范围	
主持人			日期	年 月 日
参加人员	建设单位		设计单位	
	监理单位		施工单位	
序号	图号	提出问题	会审意见	

建设单位　　　　　　监理单位　　　　　　设计单位　　　　　　施工单位

代表(盖章)：　　　　代表(盖章)：　　　　代表(盖章)：　　　　代表(盖章)：

表 1-9 设计变更通知单

设计变更通知单 （表 C2-3）		编号	
工程名称		专业名称	
设计单位名称		日期	年 月 日
序号	图 号	变 更 内 容	

签字栏	建设（监理）单位	设计单位	施工单位

注：1. 本表由建设单位、监理单位、施工单位和城建档案馆各保存一份。
2. 涉及图纸修改的，必须注明应修改图纸的图号。
3. 不可将不同专业的设计变更办理在同一份变更上。
4. "专业名称"栏应按专业填写，如建筑、结构、给水排水、电气、通风空调等。

1.4 土建工程质量控制资料填写实训

表1-10 钢材试验报告

钢材试验报告（表C4-9）						编号	
						试验编号	
						委托编号	
工程名称						试件编号	
委托单位						试验委托人	
钢筋种类			规格或牌号			生产厂	
代表数量			来样日期	年 月 日		试验日期	年 月 日
公称直径（厚度）			mm			公称面积	
试验结果	力学性能试验结果					弯曲性能试验结果		
	屈服点/MPa	抗拉强度/MPa	伸长率/%	σ_b实/σ_s实	σ_s实/σ_b实	弯心直径	角度	结果
	化学分析					其它：		
	分析编号	化学成分/%						
		C	Si	Mn	P	S	C_{eq}	

结论：

批准		审核		试验	
试验单位					
报告日期				年 月 日	

注：本表由试验单位提供，建设单位、施工单位、城建档案馆各保存一份。

表 1-11 水泥试验报告

水泥试验报告（表 C4-10）				编号	
				试验编号	
				委托编号	
工程名称				试样编号	
委托单位				试验委托人	
品种及强度等级		出厂编号及日期		厂别牌号	
代表数量		来样日期	年 月 日	试验日期	年 月 日

试验结果	一、细度	1. 80μm 方孔筛余量				%
		2. 比表面积				m²/kg
	二、标准稠度用水量（P）					%
	三、凝结时间	初凝	h min		终凝	h min
	四、安定性	雷式法	mm		饼法	
	五、其它					
	六、强度/MPa					
		抗折强度		抗压强度		
		3d	28d	3d		28d
		单块值 / 平均值	单块值 / 平均值	单块值 / 平均值		单块值 / 平均值

结论：

批准		审核		试验	
试验单位					
报告日期			年 月 日		

注：本表由试验单位提供，建设单位、施工单位、城建档案馆各保存一份。

表 1-12 砂试验报告

砂试验报告(表 C4-11)			编号	
			试验编号	
			委托编号	
工程名称			试样编号	
委托单位			试验委托人	
种类			产地	
代表数量		来样日期 年 月 日	试验日期	年 月 日
试验结果	一、筛分析	1. 细度模数(μf)		
		2. 级配区域		区
	二、含泥量			%
	三、泥块含量			%
	四、表观密度			kg/m³
	五、堆积密度			kg/m³
	六、碱活性指标			
	七、其它			

结论：

批准		审核		试验	
试验单位					
报告日期			年 月 日		

注：本表由试验单位提供，建设单位、施工单位、城建档案馆各保存一份。

表 1-13 工程定位测量及复核记录

工程名称		定位依据	
使用仪器		控制方法	
工程草图：			
施工单位主测人： （章） 年 月 日		监理（建设）单位复核人： （章） 年 月 日	

表1-14（1） 沉降观测示意图

沉降观测平面示意图：	沉降观测点示意图：
	制图日期：
工程名称：	
施工单位：	项目技术负责人：

表 1-14（2） 沉降观测记录

工程名称：　　共　　　页　第　　　页

观测点编号	第 1 次				第 2 次				第 3 次				第 4 次			
	年 月 日				年 月 日				年 月 日				年 月 日			
	标高/m	沉降量/mm		标高/m	沉降量/mm		标高/m	沉降量/mm		标高/m	沉降量/mm	
		本次	累计		本次	累计		本次	累计		本次	累计
沉降观测结果表																
工程状态																
观测者																
记录者																

专业监理工程师：　　　　　　　　　　　　　　　项目技术负责人：
（建设单位项目负责人）

施工单位：

表 1-15　地基验槽记录

工程名称		基槽底设计标高	
施工单位		设计要求地质土层	
验槽日期		实际地质土层	

内容及草图
A. 轴线尺寸情况：   B. 土质土层符合情况：   C. 脏土及有机物处理情况：   D. 设计标高误差情况：

验收结论：

建设单位(章)	勘察单位(章)
项目负责人： 　　　　　年　月　日	项目负责人： 　　　　　年　月　日

设计单位(章)	监理单位(章)	施工单位(章)
项目负责人： 　　　年　月　日	监理工程师： 　　　年　月　日	项目经理： 　　　年　月　日

表 1-16　建筑与结构工程主要隐检项目及内容

工程名称	隐蔽检查内容
土方工程	土方基槽、房心回填前检查基底清理、基底标高情况等
支护工程	锚杆、土钉的品种、规格、数量、位置、插入长度、钻孔直径、深度和角度等;地下连续墙的成槽宽度、深度、倾斜度垂直度、钢筋笼规格、位置、槽底清理、沉渣厚度等
桩基工程	钢筋笼规格、尺寸、沉渣厚度、清孔情况等
地下防水工程	混凝土变形缝、施工缝、后浇带、穿墙套管、埋设件等设置的形式和构造;人防出口止水做法;防水层基层、防水材料规格、厚度、铺设方式、阴阳角处理、搭接密封处理等
结构工程（基础、主体）	用于绑扎的钢筋的品种、规格、数量、位置、锚固和接头位置、搭接长度、保护层厚度和除锈、除污情况、钢筋代用变更及预留拉结筋处理等;钢筋焊(连)接形式、焊(连)接种类、接头位置、数量及焊条、焊剂、焊口形式、焊缝长度、厚度及表面清渣和连接质量等
预应力工程	检查预留孔道的规格、数量、位置、形状、端部的预埋垫板;预应力筋的下料长度、切断方法、竖向位置偏差、固定、护套的完整性;锚具、夹具、连接点的组装等钢结构工程地脚螺栓规格、位置、埋设方法、紧固等外墙内、外保温构造节点做法各基层(垫层、找平层、隔离层、防水层、填充层、地龙骨)材料品种、规格、铺设厚度、方式、坡度、标高、表面情况、节点密封处理、黏结情况等
地面工程抹灰工程	具有加强措施的抹灰应检查其加强构造的材料规格、铺设、固定、搭接等
门窗工程	预埋件和锚固件、螺栓等的数量、位置、间距、埋设方式、与框的连接方式、防腐处理、缝隙的嵌填、密封材料的黏结等
吊顶工程	吊顶龙骨及吊件材质、规格、间距、连接方式、固定、表面防火、防腐处理、外观情况、接缝和边缝情况、填充和吸声材料的品种、规格及铺设、固定等
轻质隔墙工程	预埋件、连接件、拉结筋的位置、数量、连接方法、与周边墙体及顶棚的连接、龙骨连接、间距、防火、防腐处理、填充材料设置等
饰面板(砖)工程	预埋件(后置埋件)、连接件规格、数量、位置、连接方式、防腐处理等。有防水构造部位应检查找平层、防水层、找平层的构造做法,同地面基层工程检查
幕墙工程	构件之间,以及构件与主体结构的连接节点的安装及防腐处理;幕墙四周、幕墙与主体结构之间间隙节点的处理、封口的安装;幕墙伸缩缝、沉降缝、防震缝及墙面转角节点的安装;幕墙防雷接地节点的安装等
细部工程	预埋件或后置埋件和连接件的数量、规格、位置连接方式、防腐处理等
建筑屋面工程	基层、找平层、保温层、防水层、隔离层情况、材料的品种、规格、厚度、铺贴方式、搭接宽度、接缝处理、粘接情况;附加层、天沟、檐沟、泛水和变形缝细部做法、隔离层设置、密封处理部位等

表 1-17 隐蔽工程验收记录

验收日期： 年 月 日 第 页

工程名称				依据图纸	
隐蔽工程验收内容	检验批名称	部位(轴线、标高、桩号)/mm	截面尺寸/mm	规格	主筋连接方式
简图说明(如无变更可标竣工图号)					
自检意见					
验收意见					
施工单位专职质量检查员 (章)					
监理(建设)单位验收人					单位工程项目技术负责人 (章)

表 1-18 现场检测委托单

委 托 编 号		检 测 编 号	
工程名称		委托日期	年　月　日
委托单位		检测日期	年　月　日
施工单位		施工日期	年　月　日
监理单位		建筑面积	
检测部位		联系人	
基体材料		联系电话	
设计要求			

检测项目：

委托人：　　　　　　　　　　见证人：　　　　　　　　　　委托单位(公章)：

表 1-19 混凝土、砂浆委托单

委 托 编 号		试 验 编 号	
委托单位		委托日期	
工程名称		成型日期	
使用部位		试验日期	
设计强度等级		龄期	
配合比(质量比)		水泥品种强度等级	
水灰比		砂子品种规格	
水泥用量		石子品种规格	
掺合料品种掺量		外加剂品种掺量	
坍落度(稠度)		试件规格	
养护条件		试验项目	

备注：

取样人： 见证人： 选样单位(公章)：

表 1-20 同条件养护混凝土试块强度验收记录

工程名称						编号	
						强度等级	
施工单位						养护方法	
统计期		年 月 日 至 年 月 日			结构部位		

试块组 n	强度标准值 f_{cuk} /MPa	平均值 mf_{cu} /MPa	标准差 Sf_{cu} /MPa	最小值 $f_{cu.min}$ /MPa	合格判定系数	
					λ_1	λ_2

每组强度值 /MPa	

评定界限	□统计方法			□非统计方法			
	$\lambda_1 \times Sf_{cu}$	$f_{cu.k}+\lambda_1 \times Sf_{cu}$	$\lambda_2 \times f_{cu.k}$	λ_3	$\lambda_3 \times f_{cu.k}$	λ_4	$\lambda_4 \times f_{cu.k}$
判定式	$mf_{cu} \geqslant f_{cu.k}+\lambda_1 \times Sf_{cu}$		$f_{cu.min} \geqslant \lambda_2 \times f_{cu.k}$		$mf_{cu} \geqslant \lambda_3 \times f_{cu.k}$		$f_{cu.min} \geqslant \lambda_4 \times f_{cu.k}$
结果							

结论：

签字栏	批准		审核		统计	
	报告日期			年 月 日		

注：本表由建设单位、施工单位、城建档案馆各保存一份。

××教学楼建筑工程

建筑设计说明

一、施工图设计依据

1. 甲方认可的方案图及相应的平面图、立面图、剖面图。
2. 国家及××省现行的有关建筑设计、防火、节能等法规和规范。

二、工程概况

本工程建设地点为××市××路××号××××，×××学校2#教学楼，位置详见总平面图；总建筑面积为6218.68m²，框架结构，地上主体6层，局部5层或7层，室内外高差0.850m，室内相对标高±0.000。相对于1#教学楼的相对标高±0.000。总高度为23.950m。耐久年限为50年，抗震设防裂度为七度，建筑分类及耐火等级为二类。本教学楼共分A和B两个区域，分别为A区主体6层，B区主体5层位置详见分区平面图；该施工图主要表达A区部分。

三、图纸表达

本工程施工图中所注尺寸单位，除标高以米外，其余尺寸均以毫米计。

$$\text{壁龛} \frac{\text{宽}\times\text{高}\times\text{深}}{\text{洞底距地}} \bigcirc \text{工种代号} \qquad \text{墙洞} \frac{\text{宽}\times\text{高}}{\text{洞底距地}} \bigcirc \text{工种代号}$$

四、墙体

1. 地上外围护墙体为250厚加气混凝土砌，内隔墙除卫生间及特殊注明外均为200厚加气混凝土砌体。卫生间隔墙及女儿墙为240厚KP1型黏土多孔砖。
2. 墙体上预留洞位置和尺寸应于相关专业图纸配合进行预留。
3. 墙体、柱子与门窗等配件的固定连接除注明者外，可根据位置需要采用射钉、膨胀螺栓、预埋铁件等方式，施工时视情况而定，但一定要保证连接在其上物体的牢固性和安全性。

五、防水做法

1. 屋面防水根据《屋面工程技术规范》（GB 50207）；屋面做法及所用部位详见《构造做法表》。
2. 卫生间防水采用通用型K11柔性防水浆料，防水涂料沿墙上翻500。卫生间隔断参见02J915$\frac{1}{40}$；卫生间蹲位02J915$\frac{7}{70}$；卫生间小便槽02J915$\frac{71}{71}$；卫生间楼地面见构造做法表。
3. 屋面防水层施工前必须认真核对屋面预留孔洞的位置待穿越的管道安装后方可施工。
4. 女儿墙泛水99J201-1$\frac{2}{19}$；出水口99J201-1$\frac{7}{29}$；管道泛水99J201-1$\frac{1}{44}$。

六、室外装修

外墙做法详立面图，施工中先做出样板待商定后再大面积施工。

七、室内装修

1. 内墙面、楼地面等具体做法详见《构造做法表》。
2. 内墙所有阳角均做2000高护角，做法参见03J502-1$\frac{6}{101}$。
3. 所有窗内窗台压顶做法参照96SJ102（二）$\frac{2}{16}$。

八、门窗

1. 平开门立樘均居墙中。
2. 除图纸注明外门窗立樘均墙中，开启窗扇加纱扇；门窗用80系列塑钢门窗，卫生间窗采用5厚磨砂玻璃，其余采用5厚白玻璃；气密性不低于二级。

资料填写实训教学图

3. 木门五金均按其所选标准图配套选用，塑钢门窗五金均按 92SJ704（一）选用。
4. 底层窗均加防护网，做法由甲方选定。
5. 所有室内窗台低于室内地面 800 时，应做不锈钢护窗栏杆，参见 04J101 $\frac{3}{35}$。

九、油漆防腐

1. 木门油漆见《构造做法表》，颜色均应在施工前做出样板，经设计单位和甲方同意后方可施工。
2. 所有金属管件均应先做防锈处理，然后刷防锈漆一遍，刮腻子、打磨，再刷黑色瓷漆两遍。
3. 所有预埋木砖均需做防腐处理，木质构件与砌体连接部位必须满涂防腐油。
4. 栏杆扶手采用不锈钢管材料者，其焊接处转折处均需打磨光滑抛光。做法参见 99SJ403 $\frac{4}{23}$。

十、其他

1. 所有内外装修材料的颜色、产品质量以及材料替换等，均需甲方、设计单位、施工单位三方认定后方可施工。
2. 土建施工必须与水、电施工配合，凡预留洞穿墙、梁、板等需对准设备图施工。
3. 所有管道穿楼板处均在安装后下部使用细实混凝土浇实，并用密封膏灌缝，上部高出地面 20mm。
4. 防火门窗应选用有资质的厂家产品，开启方向应严格按图施工。
5. 玻璃黑板做法参见 03J502-1 $\frac{2}{F02}$；讲台做法参见 98ZJ501 $\frac{A}{38}$；$a \times b = 4000 \times 800$。
6. 有关泛水详见 99J201-1 $\frac{1}{44}$；雨水落水管采用 ϕ100PVC 管及配件。
7. 有地漏处应在 1 米范围内做 1% 的坡，坡向地漏。
8. 设计中选用的标准图不论采用局部节点还是全部详图，均应全面配合施工。

施工图中除注明外，均需按照国家有关施工及验收规范及规定执行。

图 纸 目 录

序号	图 号	图纸内容	序号	图 号	图纸内容
1	JS15-01	设计说明 图纸目录	9	JS15-09	屋顶平面图
2	JS15-02	构造做法表 门窗表	10	JS15-10	⑭①立面图
3	JS15-03	总平面图 分区平面图	11	JS15-11	①⑭立面图
4	JS15-04	一层平面图	12	JS15-12	ⓒⓘ立面图
5	JS15-05	二层平面图	13	JS15-13	ⓘⓒ立面图、节点详图
6	JS15-06	三层平面图	14	JS15-14	门窗详图、1—1 剖面图
7	JS15-07	四、五层平面图	15	JS15-15	楼梯详图
8	JS15-08	六层平面图			

×× 设计院		资质等级	乙级	证书编号	
		工程名称	×× 2# 教学楼		
		项 目	A 区	合同编号	
项 目 负责人		专业负责人		设计编号	
		校 对		设计说明 图纸目录	图 别	建施
审 定		设 计			图 号	JS15-01
审 核		制 图			日 期	

构造做法表

项目	使用部位	构造层次及做法	备注
屋面	除出屋面楼梯间外其它屋面	• 35厚490×490，C20预制钢筋混凝土板（Φ4钢筋双向@150），1:2水泥砂浆填缝 • M2.5砂浆砌120×120砖三皮，双向中距500 • 3厚SBS改性沥青防水卷材 • 3厚氯丁沥青防水涂料 • 刷基层处理剂一遍 • 20厚1:2.5水泥砂浆找平层 • 20厚（最薄处）1:8水泥加气混凝土碎渣找2%坡 • 干铺150厚加气混凝土砌块 • 钢筋混凝土屋面板，表面清扫干净	
	出屋面楼梯间外屋面	• 4厚SBS改性沥青防水卷材，表面带页岩保护层 • 刷基层处理剂一遍 • 20厚1:2.5水泥砂浆找平层 • 20厚（最薄处）1:8水泥加气混凝土碎渣找2%坡 • 干铺150厚加气混凝土砌块 • 钢筋混凝土屋面板，表面清扫干净	
地面	一层楼梯间、走道、展厅、入口大厅	• 8～10厚地砖铺实拍平，水泥浆擦缝 • 25厚1:4干硬性水泥砂浆，面上撒素水泥 • 素水泥浆结合层一道 • 80厚C10混凝土 • 素土夯实	米黄色地板砖规格500×500黑色地板砖围边宽×长=150×300
	一层卫生间	• 8～10厚地砖铺实拍平，水泥浆擦缝 • 25厚1:4干硬性水泥砂浆，面上撒素水泥 • 1.5厚防水涂料，面撒黄沙，四周沿墙上翻150高 • 刷基层处理剂一遍 • 15厚1:2水泥砂浆找平 • 50厚C20细实混凝土找1%坡，最薄处不小于20 • 80厚C10混凝土 • 素土夯实	米黄色防滑地板砖规格500×500，防水涂料选用通用K11型防水浆料
楼面	二层至六层除卫生间外所有房间	• 8～10厚地砖铺实拍平，水泥浆擦缝 • 25厚1:4干硬性水泥砂浆，面上撒素水泥 • 素水泥浆结合层一道 • 钢筋混凝土楼板	米黄色地板砖规格500×500黑色地板砖围边宽×长=150×300

构造做法表

项目	使用部位	构造层次及做法	备 注
楼面	二层至六层卫生间	• 8～10厚地砖铺实拍平,水泥浆擦缝 • 25厚1:4干硬性水泥砂浆,面上撒素水泥 • 1.5厚防水涂料,面撒黄沙,四周沿墙上翻150高 • 刷基层处理剂一遍 • 15厚1:2水泥砂浆找平 • 50厚C20细实混凝土找1%坡,最薄处不小于20 • 钢筋混凝土楼板	米黄色防滑地板砖规格500×500,防水涂料选用通用K11型防水浆料
内墙面	走廊、楼梯及无水池设施的所有房间	• 刷801胶素水泥砂浆一遍,配合比为801:水=1:4 • 15厚1:1:6水泥石灰砂浆,分两次抹成 • 5厚1:0.5:3水泥石灰砂浆 • 满刮腻子一遍,刷底漆一道 • 乳胶漆两遍	亚白色
内墙面	所有卫生间	• 刷801胶素水泥砂浆一遍,配合比为801:水=1:4 • 15厚2:1:8水泥石灰砂浆,分两次抹成 • 3～4厚1:1水泥砂浆加水20% 801胶镶贴 • 4～5厚釉面砖,白水泥浆擦缝	高度至顶棚底
顶棚	除卫生间所有房间	• 钢筋混凝土板底面清理干净 • 7厚1:1:4水泥石灰砂浆 • 5厚1:0.5:3水泥石灰砂浆 • 满刮腻子一遍,刷底漆一道 • 乳胶漆两遍	亚白色
顶棚	所有卫生间	• 钢筋混凝土板底面清理干净 • 7厚1:3水泥砂浆 • 5厚1:2水泥砂浆 • 满刮腻子一遍,刷底漆一道 • 乳胶漆两遍	亚白色
踢脚	除卫生间及走道外所有房间	• 刷801胶素水泥砂浆一遍,配合比为801:水=1:4 • 17厚2:1:8水泥石灰砂浆,分两次抹成 • 3～4厚1:1水泥砂浆加水20% 801胶镶贴 • 8～10厚釉面砖,水泥浆擦缝	高150
墙裙	走道	• 刷801胶素水泥砂浆一遍,配合比为801:水=1:4 • 17厚2:1:8水泥石灰砂浆,分两次抹成 • 3～4厚1:1水泥砂浆加水20% 801胶镶贴 • 4～5厚釉面砖,白水泥浆擦缝	高2100

构造做法表

项目	使用部位	构造层次及做法	备注
外墙	主体外墙	• 刷801胶素水泥砂浆一遍,配合比为801:水=1:4 • 15厚2:1:8水泥石灰砂浆,分两次抹成 • 刷素水泥浆一遍 • 4~5厚1:1水泥砂浆加水20% 801胶镶贴 • 8~10厚面砖,水泥浆擦缝	灰色
	柱面	• 30厚1:2.5水泥砂浆,分层灌浆 • 20~30厚黑色花岗岩板(背面用双股16号铜丝绑扎与墙面固定)水泥浆擦缝	黑色
	局部外墙及雨篷	• 刷801胶素水泥砂浆一遍,配合比为801:水=1:4 • 15厚2:1:8水泥石灰砂浆,分两次抹成 • 5厚1:2.5水泥砂浆 • 外墙乳胶漆涂料喷刷两遍	砖红色 外墙乳胶漆涂料 分格缝宽10mm 深5mm 弧形黑色
油漆	木门	• 木基层清理、除垢、打磨等 • 刮腻子、磨光 • 底油一遍 • 磁漆两遍	外门红色 内门米黄色
台阶	所有出入口	• 20厚花岗岩板表面机刨,水泥浆擦缝 • 30厚1:4干硬性水泥砂浆,面上撒素水泥 • 素水泥浆结合层一道 • 60厚C15混凝土台阶(不包括三角部分) • 300厚三七灰土 • 素土夯实	
散水	所有散水	• 60厚C15混凝土,面上加5厚1:1水泥砂浆随打随抹光 • 150厚三七灰土 • 素土夯实,向外坡4%	30m间距设缝 与外墙设缝 缝宽25mm 内填沥青砂

注:本表未列出项目请详见图纸及有关图集。

门 窗 表

类型	序号	门窗编号	洞口尺寸 (B×H)	采用图集编号	1F	2F	3F	4F	5F	6F	7F	合计	备注
窗	1	C-1	2700×1900	80系列塑钢窗	0	15	21	21	21	23	0	101	见建施JS15-14
	2	C-1′	2700×2300	80系列塑钢窗	11	0	0	0	0	0	0	11	见建施JS15-14
	3	C-2	1800×1900	80系列塑钢窗	0	10	12	12	12	4	0	50	见建施JS15-14
	4	C-2′	1800×2300	80系列塑钢窗	3	0	0	0	0	0	0	3	见建施JS15-14
	5	C-3	2050×1700	80系列塑钢窗	10	10	10	10	10	10	0	60	见建施JS15-14
	6	C-3′	1300×1700	80系列塑钢窗	10	10	10	10	10	10	0	60	见建施JS15-14
	7	C-4	1700×1900	80系列塑钢窗	0	1	1	1	1	1	0	5	见建施JS15-14
	8	C-5	1500×1900	80系列塑钢窗	0	1	1	1	1	0	0	4	见建施JS15-14
	9	C-5′	1500×2300	80系列塑钢窗	1	0	0	0	0	0	0	1	见建施JS15-14
	10	C-WK	现场确定	无框玻璃窗									10厚白玻璃 甲方自定
门	11	WM-1	3400×3300	无框玻璃门	1	0	0	0	0	0	0	0	10厚白玻璃 甲方自定
	12	WM-2	2600×3300	无框玻璃门	1								10厚白玻璃 甲方自定
	13	M-1	1000×2700	88ZJ601-M24-1027	8	14	20	20	20	20	0	102	
	14	M-2	900×2100	88ZJ601-M21-0921	2	2	2	2	2	2	0	12	
	15	M-3	1800×2600	88ZJ601-M24-1827 外装电动卷帘门	2	0	0	0	0	0	0	2	卷帘门参88ZJ611 JM305-2424
	16	FM-1	2400×2100	乙级防火门	1	1	1	1	1	1	0	6	甲方自定
	17	FM-2	3600×2100	乙级防火门	2	1	1	1	1	1	0	7	甲方自定
	18	FM-3	1800×2100	甲级防火门	0	1	1	1	1	0	0	4	甲方自定
	19	FM-4	1000×2100	乙级防火门	0	0	0	0	0	0	1	1	甲方自定
	20	FM-5	900×1800	乙级防火门	1	1	1	1	1	1	0	6	底距地300 甲方自定
	21	FM-6	600×1800	乙级防火门	1	1	1	1	1	1	0	6	底距地300 甲方自定
	22	FM-7	1200×2100	甲级防火门	2	0	0	0	0	0	0	2	甲方自定
	23	MC-1	2400×2700	80系列塑钢门	1	0	0	0	0	0	0	1	见建施JS15-14

××设计院	资质等级	乙级	证书编号	
	工程名称	××2#教学楼		
	项 目	A区	合同编号	
项目负责人	专业负责人	构造做法表 门窗表	设计编号	
	校 对		图 别	建施
审 定	设 计		图 号	JS15-02
审 核	制 图		日 期	

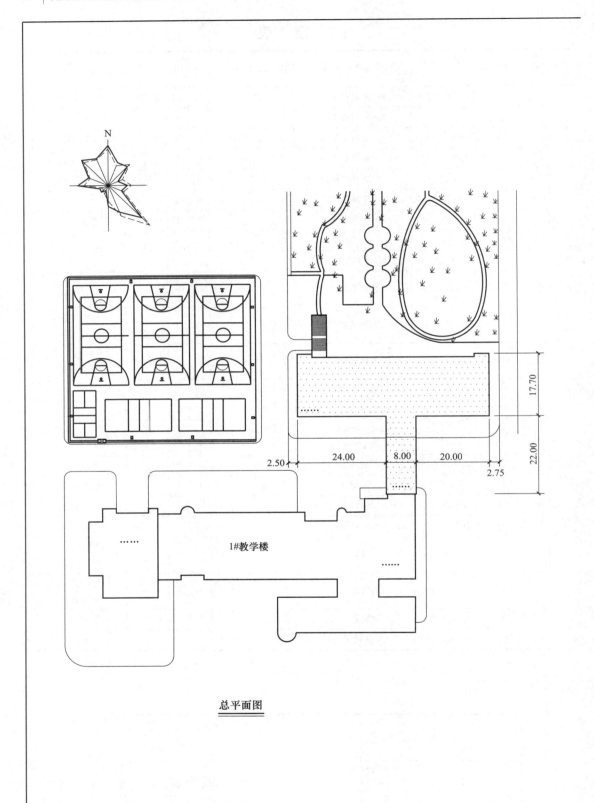

总平面图

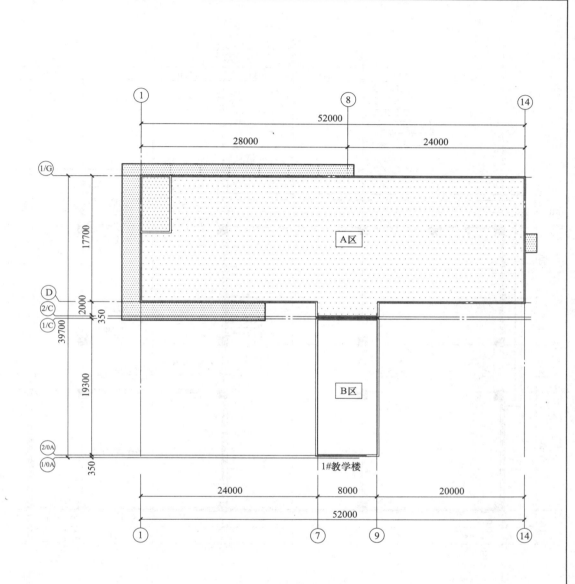

分区平面图

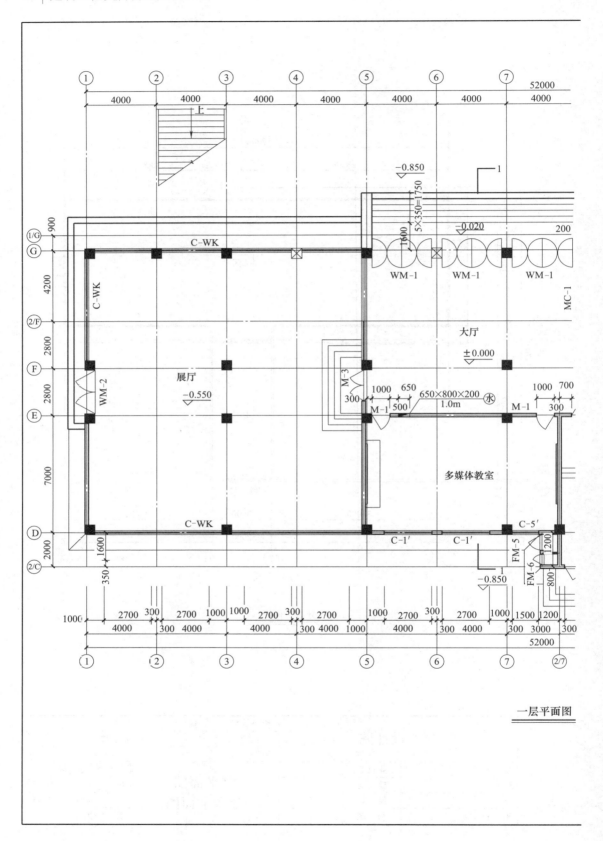

一层平面图

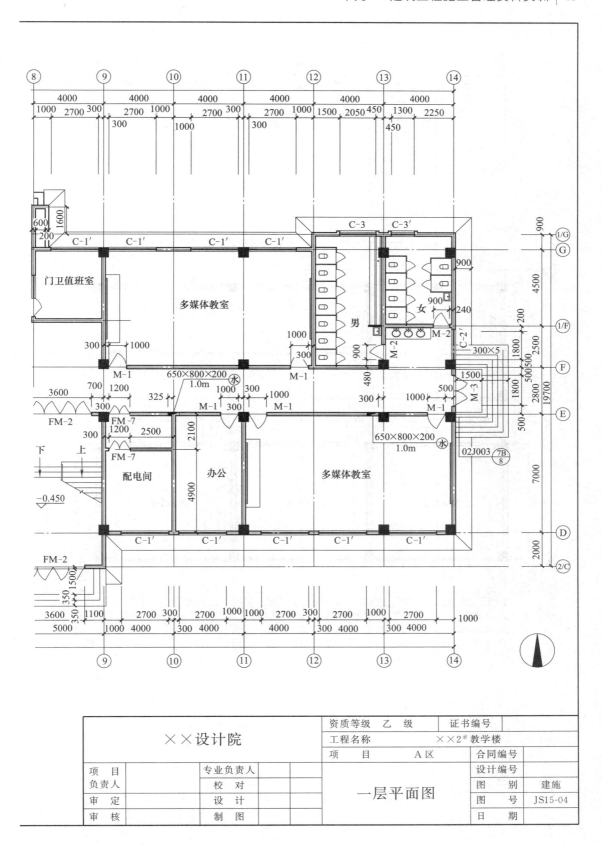

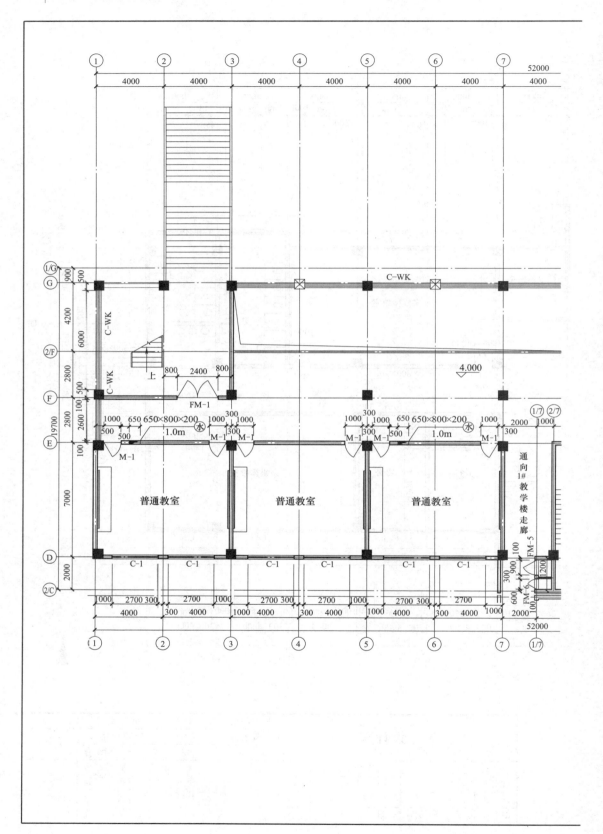

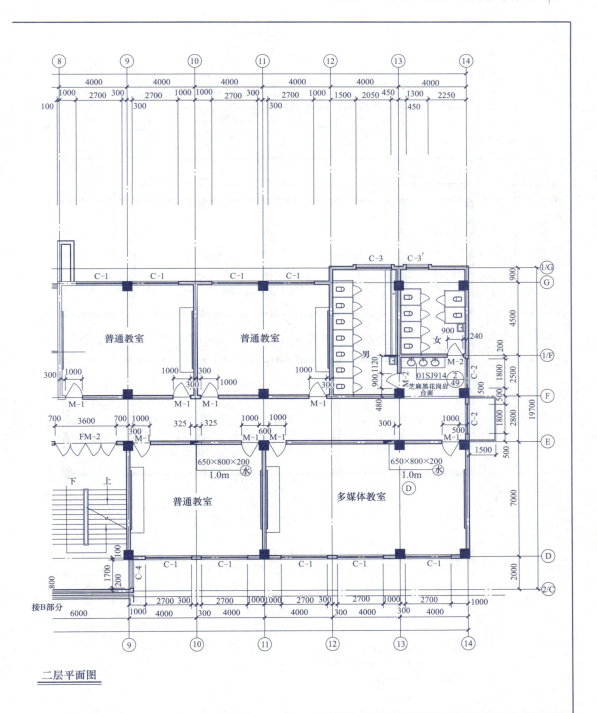

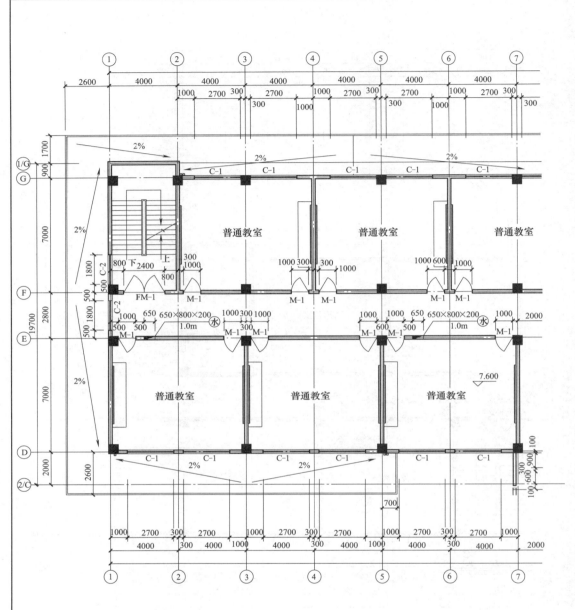

说明：
雨棚排水时遇挑梁时穿φ100PVC管。
雨水落水管采用φ100PVC管及配件。
做法参见 98ZJ201 $\frac{4}{34}$。

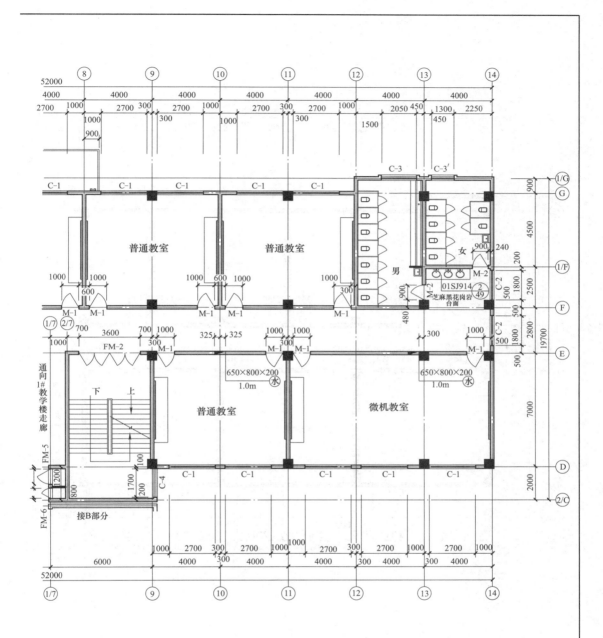

三层平面图

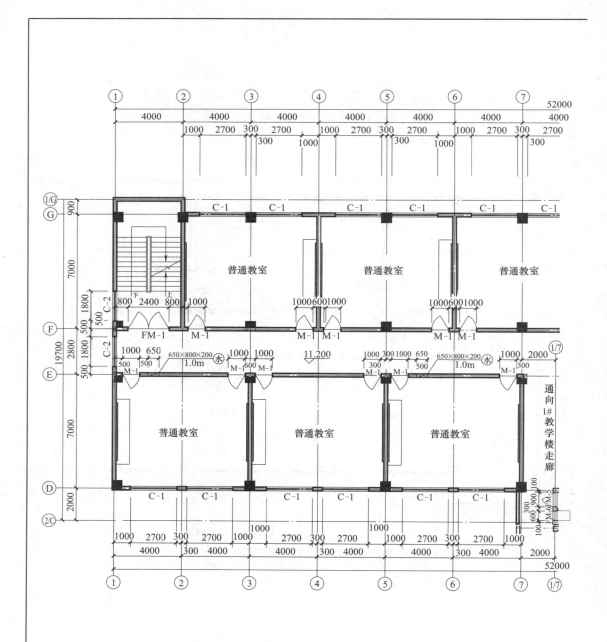

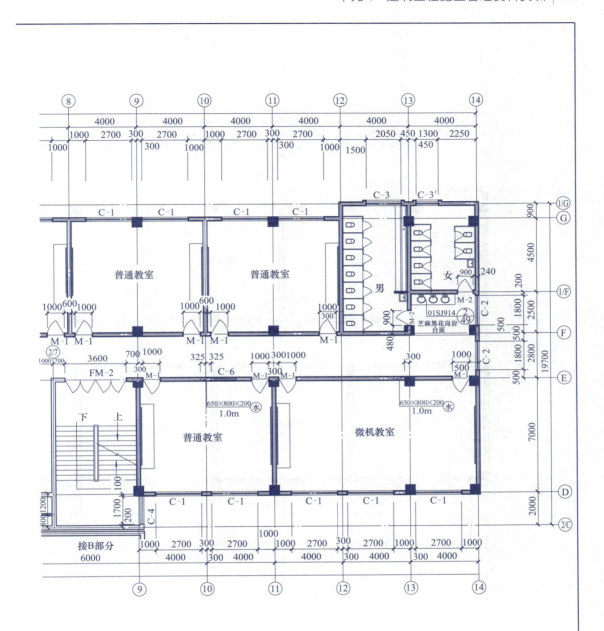

四、五层平面图

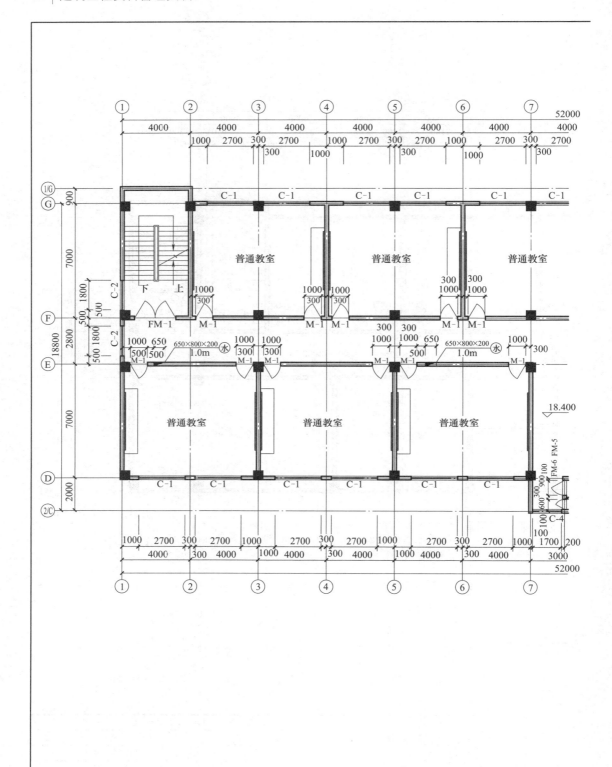

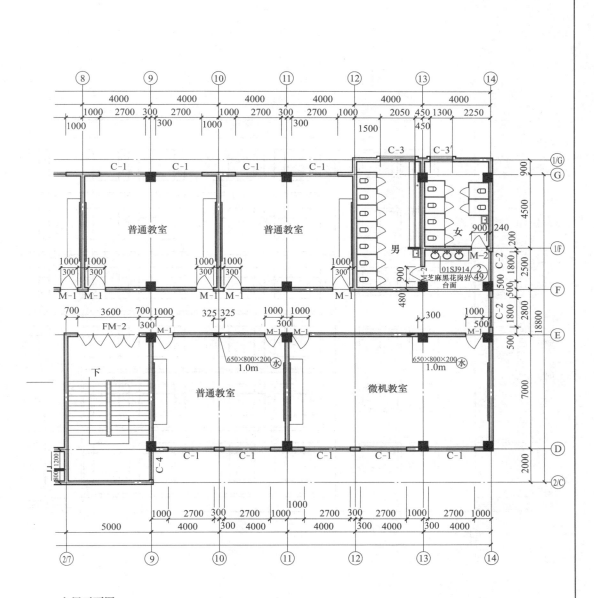

六层平面图

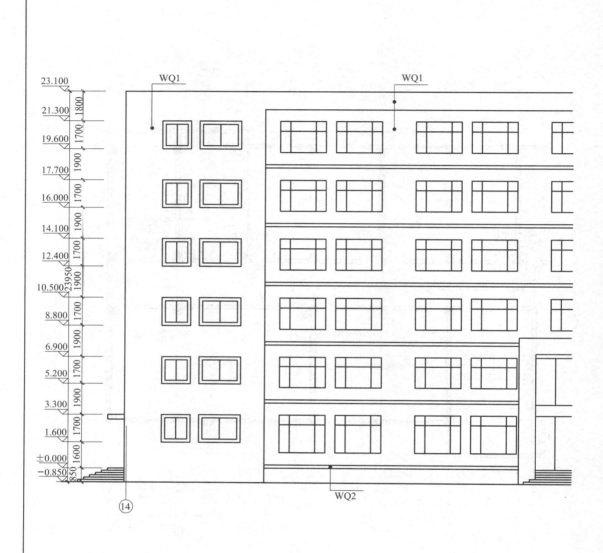

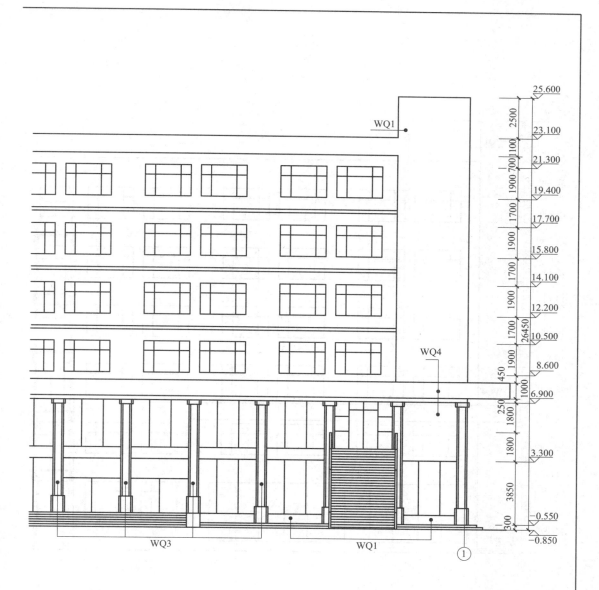

⑭ ① 立面图

WQ1：灰色面砖；WQ3：黑色花岗岩；
WQ2：红色面砖；WQ4：红色涂料。

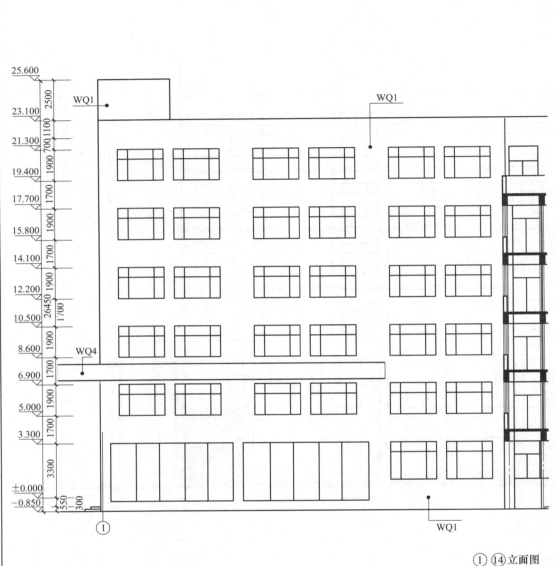

①⑭立面图

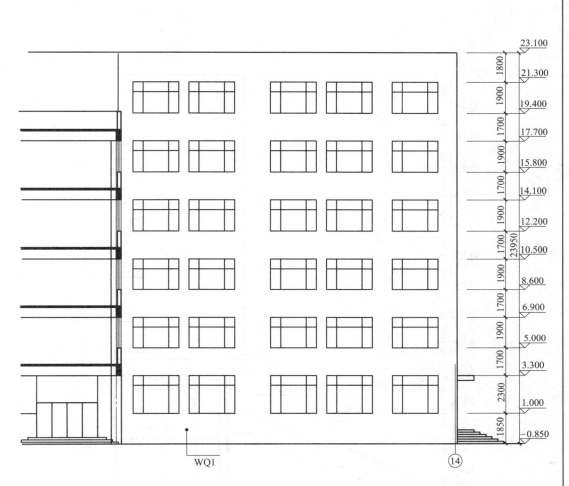

WQ1：灰色面砖；
WQ2：红色面砖；
WQ3：黑色花岗岩；
WQ4：红色涂料。

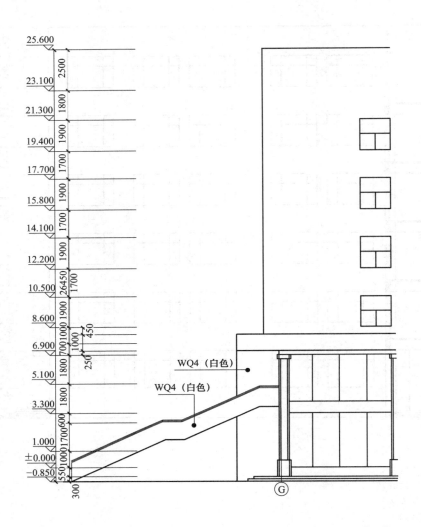

G D立面图

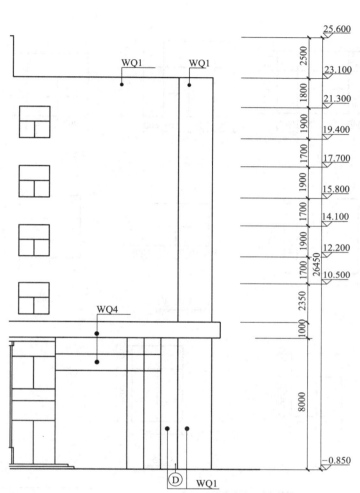

WQ1：灰色面砖；
WQ2：红色面砖；
WQ3：黑色花岗岩；
WQ4：红色涂料。

××设计院		资质等级	乙 级	证书编号	
		工程名称	××2#教学楼		
		项 目	A 区	合同编号	
项 目 负责人		专业负责人		设计编号	
		校 对			
审 定		设 计		图 别	建施
审 核		制 图		图 号	JS15-12
				日 期	

Ⓖ Ⓓ立面图

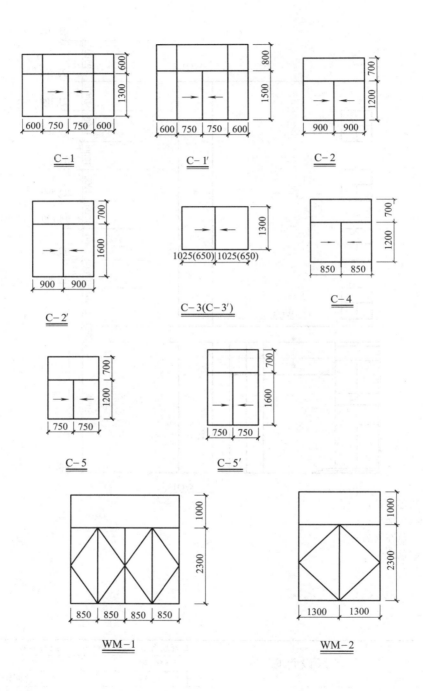

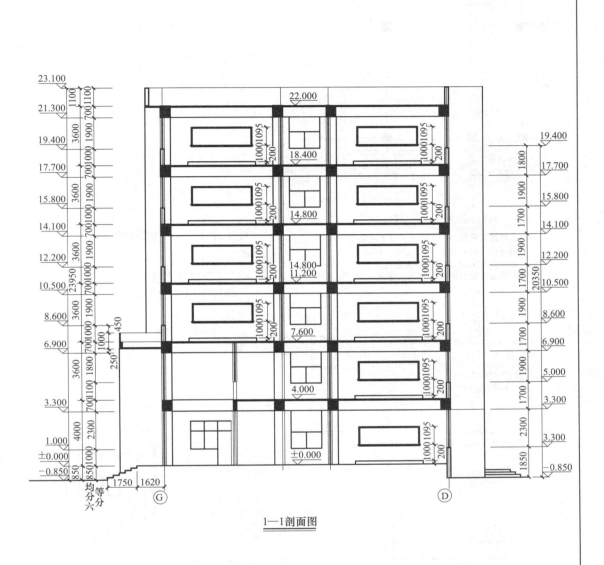

1—1 剖面图

××设计院	资质等级 乙 级		证书编号	
	工程名称		××2# 教学楼	
	项 目	A 区	合同编号	
项 目 负责人	专业负责人		设计编号	
	校 对		门窗详图 1—1 剖面图	图 别	建施
审 定	设 计		图 号	JS15-14
审 核	制 图		日 期	

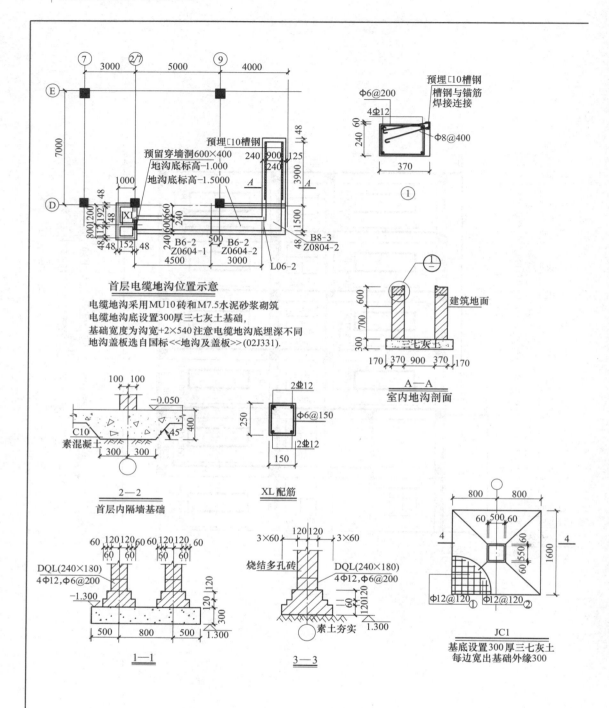

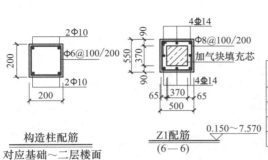

人工挖孔桩参数一览表

名称	A	B	C(3B)	D	设计单桩承载力特征值/kN	桩径
ZH-1	1900	500	1500	200	2000	900
ZH-2	1600	350	1050	150	1500	900
ZH-3	2200	650	1950	200	2500	900
ZH-4	2600	850	2550	250	3300	900

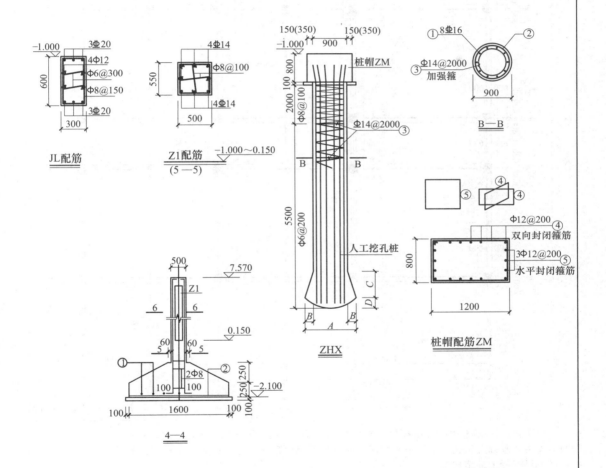

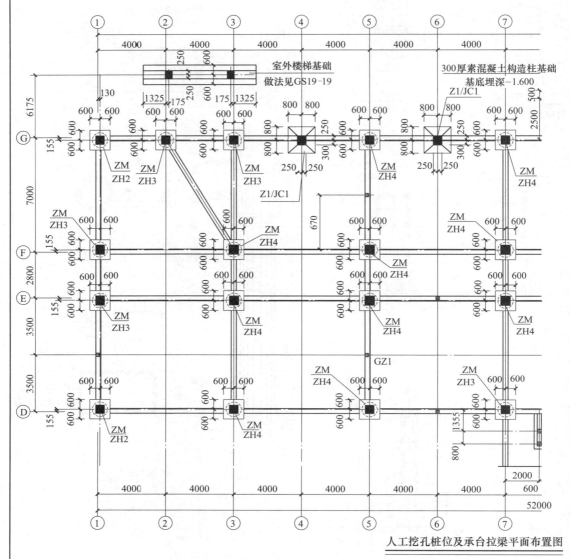

人工挖孔桩位及承台拉梁平面布置图

说明：1. 基础采用人工挖孔扩底灌注桩，桩端持力层为第③层粉土层，设计单桩承载力特征值详见图中表格，基础施工完毕后应请有相应资质的检测单位对人工挖孔扩底桩承载力进行检测，桩基检测不合格不得进行上部结构施工。

2. 人工挖孔桩之间设置基础梁（JL），基础梁无法兼顾的首层隔墙下设置右图示元宝基础，JL纵筋端部锚入桩帽内。

3. 人工挖孔扩底桩、桩帽及JL混凝土等级均为C30。人工挖孔扩底桩挖孔完毕后，项目监理人员应严格核对桩端所在力层及挖孔桩扩底直径是否满足设计要求。

4. 室外楼梯应在主体结构施工封顶后再浇筑，请注意在结合部位设置插筋。

5. 挖孔桩（ZHx）、桩帽（ZM）、柱下单独基础（JCx）、楼梯基础，室内外墙下基础1—1～3—3、电缆沟等均详见GS19-04图。

6. 按图中"▣"所示意的数量和位置设置构造柱。

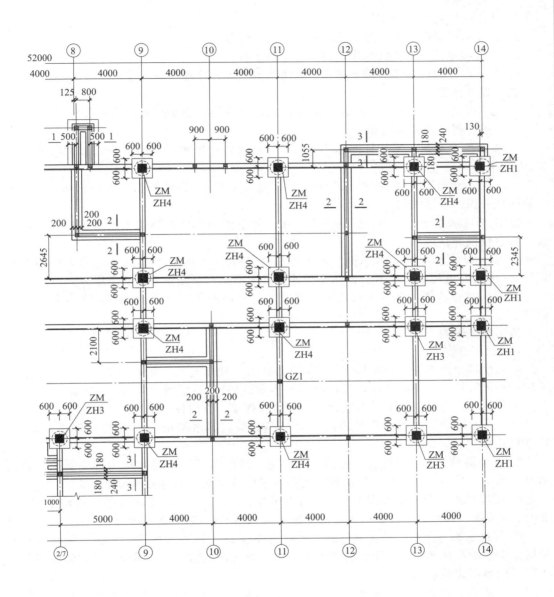

人工挖孔桩位及承台拉梁平面布置图   图号 GS19-03

水设计施工说明

一、设计依据
1. 已批准的初步设计文件。
2. 建设单位提供的本工程的设计资料和设计任务书。
3. 建筑和有关工种提供的作业图和有关技术资料。
4. 国家现行的有关建筑给水排水、消防、卫生等设计规范与规程。

二、设计范围
本设计包括建筑红线以内的教学楼 A 区的给水系统、排水系统和消防系统。

三、设计概况及技术指标
1. 生活给水系统：室外管网压力 0.3MPa；最高日用水量 120m³/d；最大时用水量 17.3m³/h。
一、二层给水管网接室外给水管网，三层及以上接 1# 教学楼生活水箱出水管，两区立管连接处设一常闭阀门。
2. 生活排水系统：采用合流制排水体制。男卫生间大便器排水横支管上设环形通气管，其它仅设伸顶通气管。
3. 消火栓给水系统：本工程为体积不超过 25000m³ 的教学楼，室内消火栓用水量 10L/s。消防管道与教学楼 B 区消防干管连接，由消防水泵提供系统所需压力。
4. 移动式灭火器：各层走道或楼梯间设 2kg 重磷酸氢盐干粉灭火器，布置见各层平面图。

四、施工说明
1. 管材与连接
（1）生活给水系统：每层横支管采用 PP-R 管，热熔连接，规格用 De 表示；其余均采用衬塑镀锌钢管，丝扣连接，规格以 DN 表示。PP-R 管采用 PN1.25MPa 管道。
（2）消防给水系统：采用非镀锌焊接钢管，焊接，设附件处采用法兰连接。
（3）排水系统：排水立管采用内螺旋 UPVC 管，其余采用 UPVC 管，胶黏剂粘接，UPVC 均采用国标管。
2. 卫生器具：本工程蹲式大便器、污水池、洗脸盆等卫生器具均为陶瓷制品，颜色由甲方确定。与卫生器具配套的给排水配件均采用节水型，不得采用淘汰产品。
3. 所有排水立管与排水横干管连接处均采用两个 45°弯头。排水水平管道均采用 $i=0.026$ 的坡度。排水立管检查口中心距地面 1.1m，检查口盖均朝外设置。
4. 管道防腐与保温：设于室外的给水管道外包 2cm 厚的岩棉管壳保温，外做防水保护层。生活给水衬塑镀锌管刷银粉漆两道防腐；消防管道刷红丹防锈漆一道，银粉漆两道防腐。埋地钢管做加强防腐。
5. ±0.000 以下管道穿基础、穿墙处均做预留洞，预留洞尺寸应保证给水管管顶净空距离不小于 100mm，排水管管顶净空距离不小于 150mm，并大于建筑物的最大沉降量。
6. 采用 SQS100-C 型地上式消防水泵接合器。
7. 消火栓采用 SN65 单出口消火栓，暗装于墙内，安装时栓口垂直于墙面向外。采用 QZ19ϕ19 水枪，DN65、25m 长衬胶水龙带。
8. 其它：标高以米计，其余均以毫米计。给水管道标高为管中心线标高，排水管道为管内底标高。
9. 其它未尽事宜，均按下列规范执行：

《建筑给水排水及采暖工程施工质量验收规程》（GB 50242）；
《建筑排水硬聚氯乙烯管道工程技术规程》（CJJ/T 29）；
《建筑给水聚丙烯管道（PP-R）工程技术规程》（DBJ 41/T042）。

图 纸 目 录

序 号	图 号	图 纸 名 称
1	SS10—01	设计施工说明　图纸目录
2	SS10—02	图例　主要设备材料表
3	SS10—03	一层给排水平面图
4	SS10—04	二层给排水平面图
5	SS10—05	三、四层给排水平面图
6	SS10—06	五层给排水平面图
7	SS10—07	六层给排水平面图
8	SS10—08	卫生间给排水平面图
9	SS10—09	给水管道系统图　排水管道系统图
10	SS10—10	消火栓给水管道系统图

××设计院		资质等级 乙级	证书编号		
		工程名称	××2#教学楼		
		项目	A区	合同编号	
项目负责人		专业负责人		设计编号	
		校　对		设计施工说明图纸目录	图 别	水施
审　定		设　计			图 号	SS10-01
审　核		制　图			日 期	

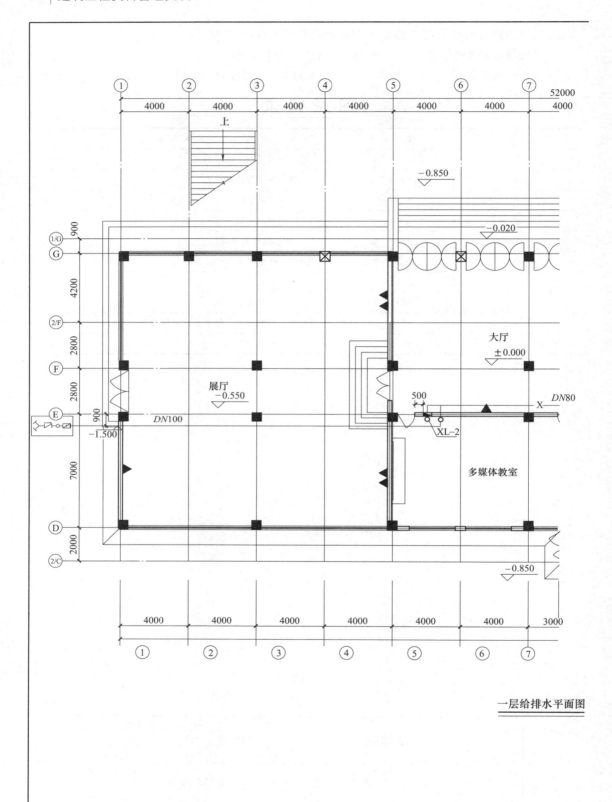

一层给排水平面图

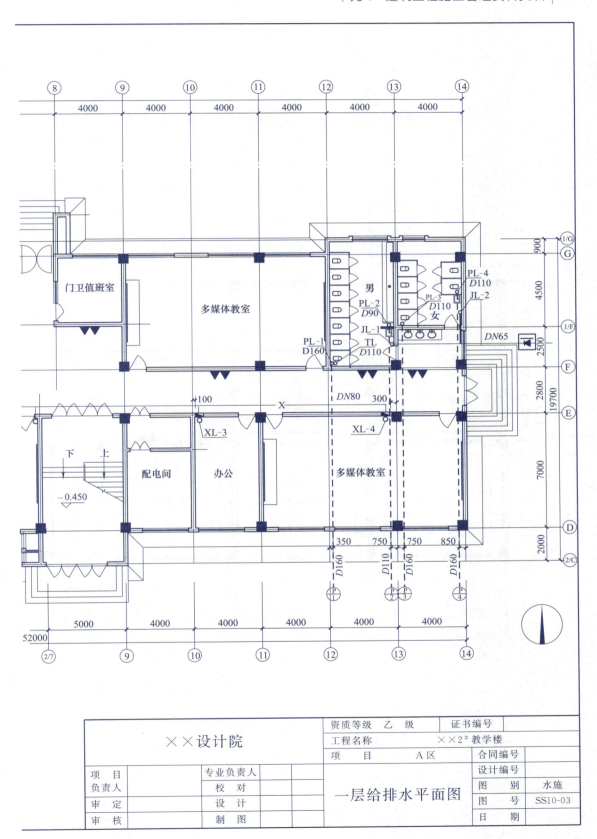

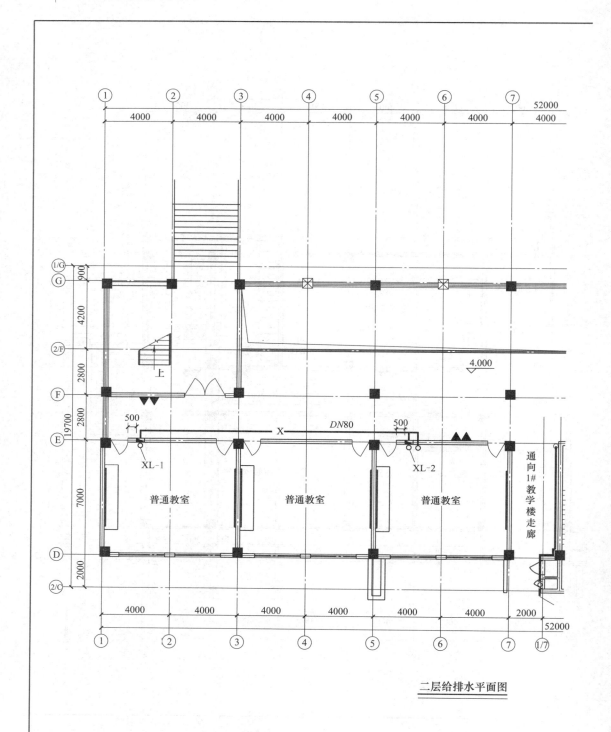

二层给排水平面图

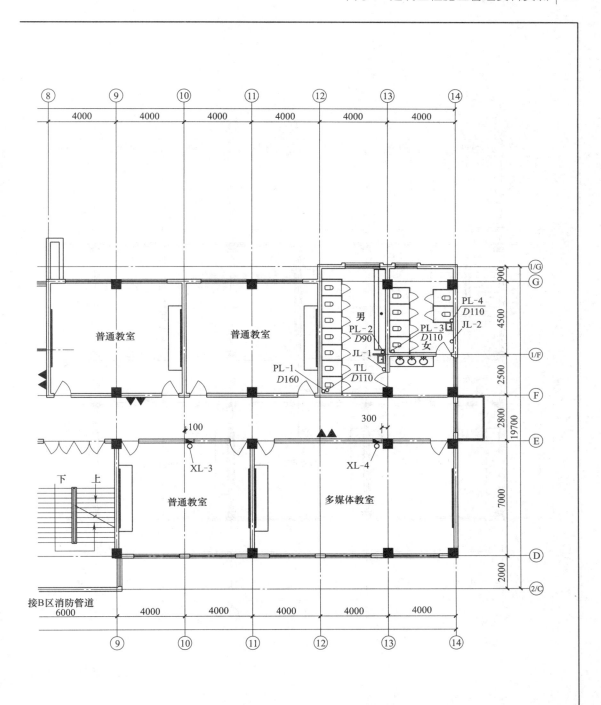

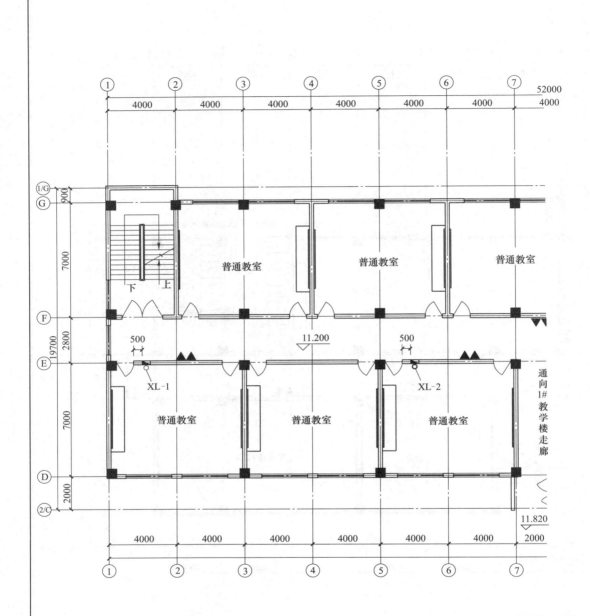

三、四层给排水平面图

单元1 建筑工程施工管理资料实训

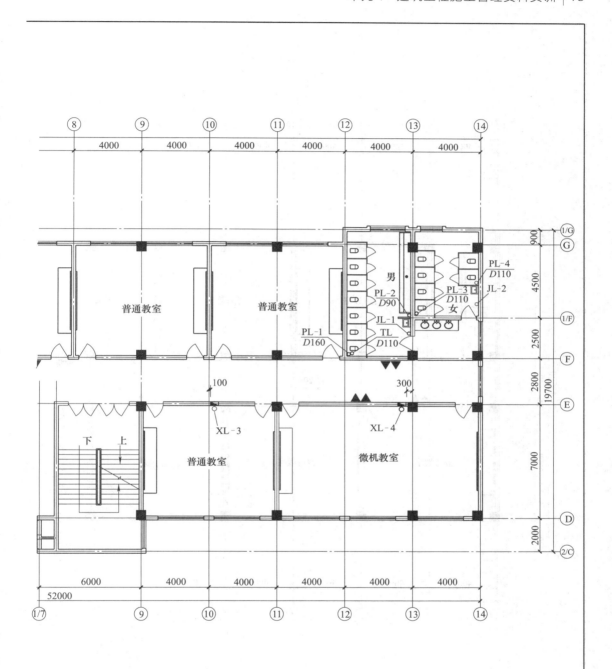

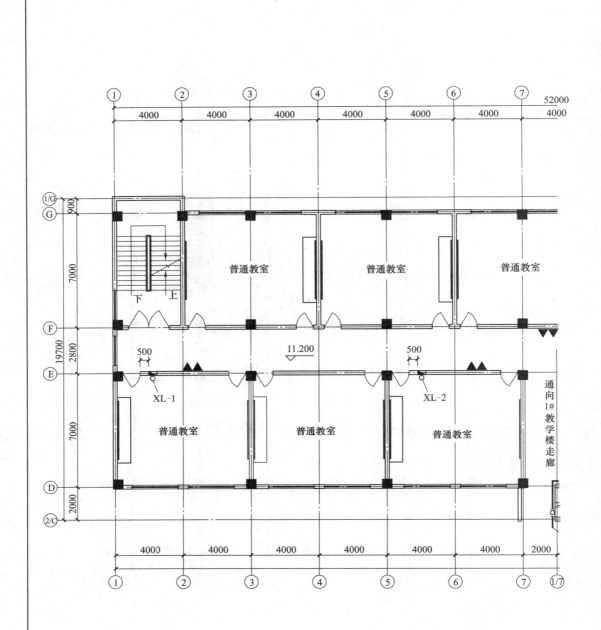

五层给排水平面图

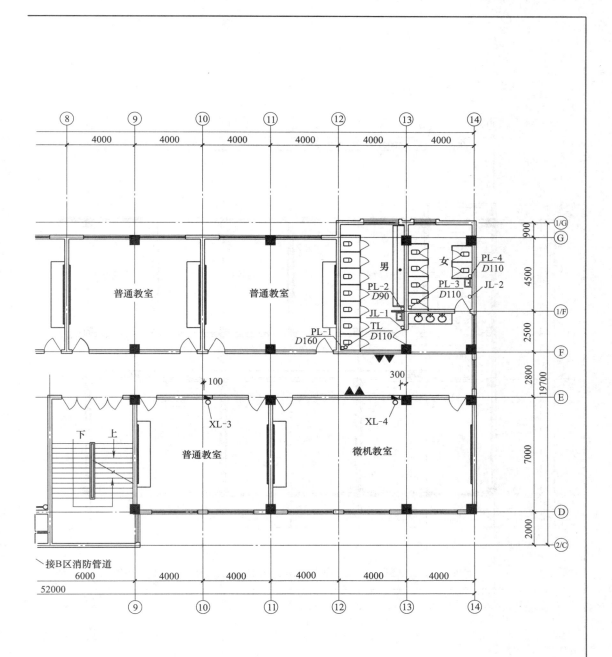

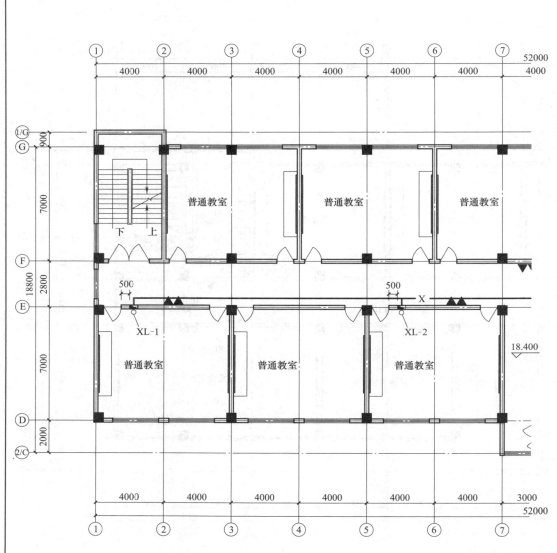

六层给排水平面图

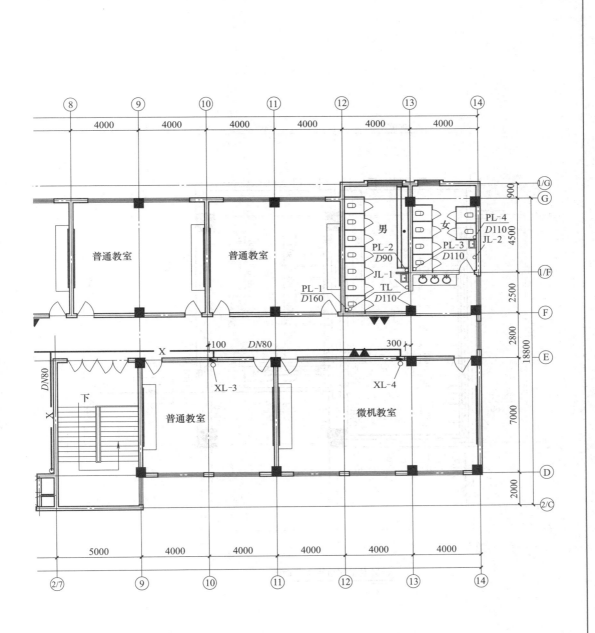

一层卫生间给排水平面图

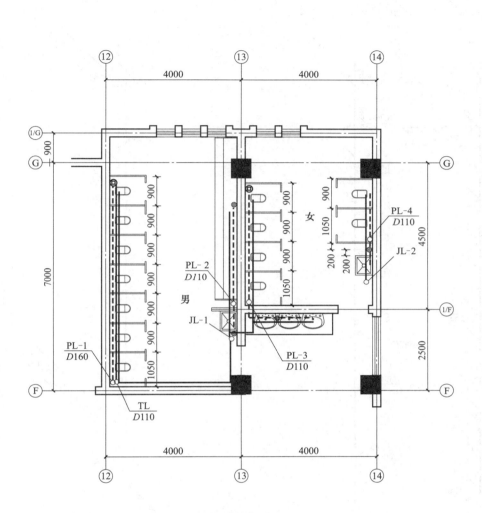

标准层卫生间给排水平面图

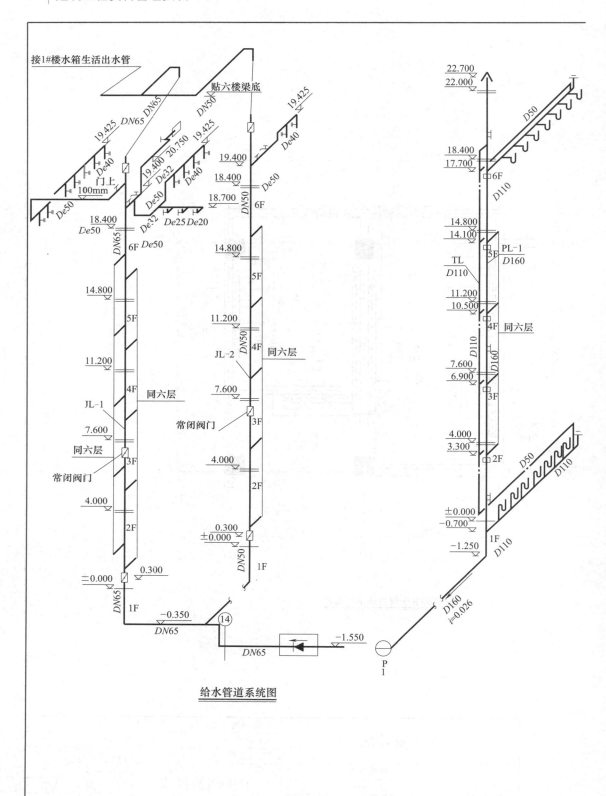

给水管道系统图

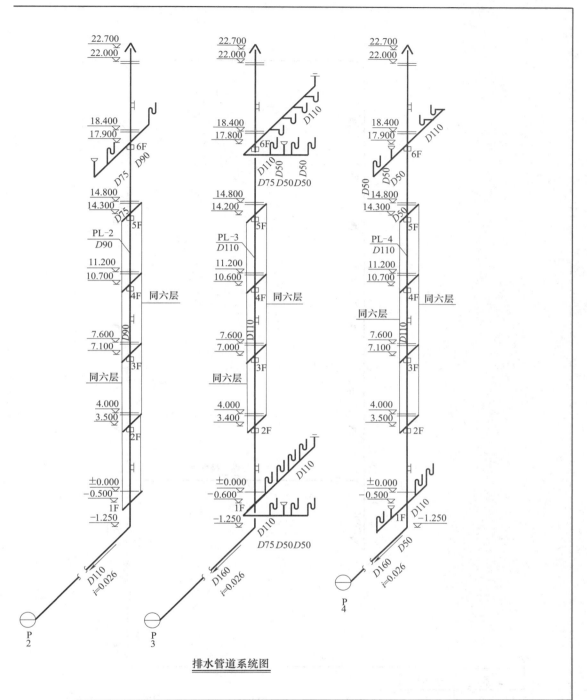

排水管道系统图

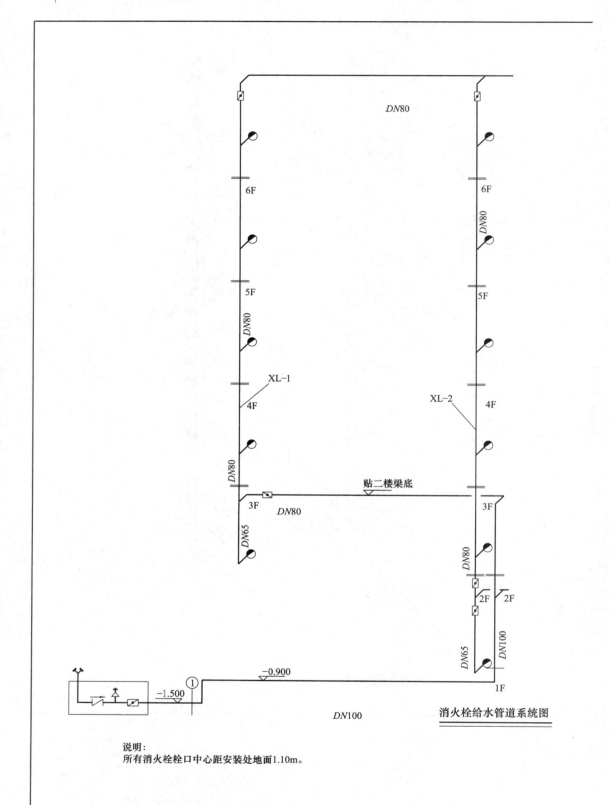

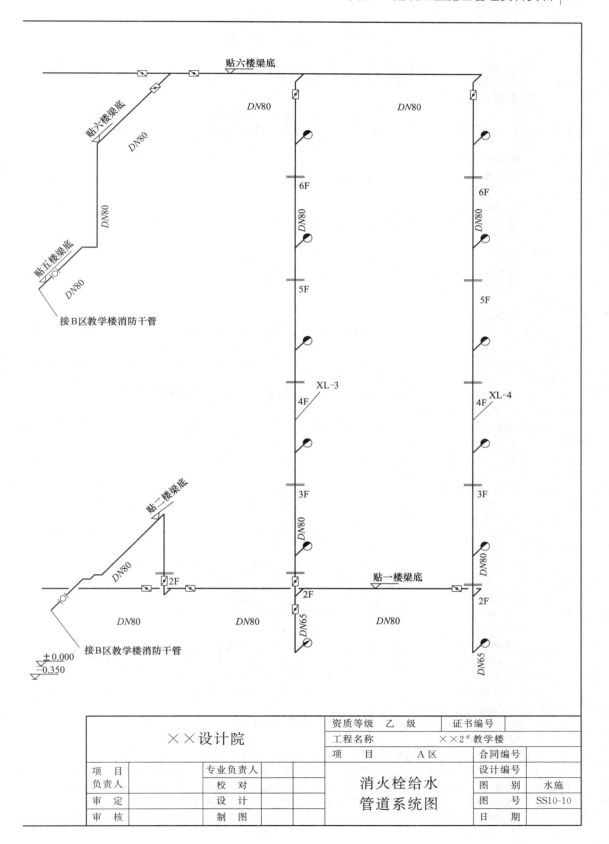

电设计及施工说明

本电气工程主要项目有电气照明系统、供配电系统、有线广播系统、电话通信系统、CATV 电视系统、应急照明系统和防雷接地系统。

一、本建筑物土建概况

本建筑物为教学楼建筑；钢筋混凝土框架结构，填充墙均为 200 厚加气混凝土块（除卫生间隔墙）；总建筑面积为 6218.68m^2；建筑物层地上主体 6 层，局部 5 层或 7 层；层高一层为 4.0m、其余各层为 3.6m；总高度为 23.95m。

二、设计与施工主要依据

1. 《低压配电设计规范》(GB 50054)
2. 《建筑照明设计标准》(GB 50034)
3. 《建筑物防雷设计规范》(GB 50057)
4. 《建筑物电子信息系统防雷技术规范》(GB 50343)
5. 《民用建筑电气设计规范》(JGJ/T 16)
6. 《等电位联结安装》(02D501)（标准图集）
7. 《建筑电气工程施工质量验收规范》(GB 50303)
8. 《建筑电气安装工程图集》（设计．施工．材料．第二版）简称《图集》，中国电力出版社

三、供配电系统

1. 本电气工程总计算负荷：安装容量 $P_N=293$kW；计算功率 $P_C=220$kW，计算电流 $I_C=334.8$A。
2. 主电源由学校教学区变电所引接，进线采用 VV23-3×185+1×95 全塑电力电缆直埋地敷设进至配电室主进线柜。
3. 备用电源（主要用于应急照明和低压配电室）也采用直埋电缆敷设，由学校生活区变电所引接。
4. 直埋电缆进建筑物处（电缆沟）用 SC100（主进线电缆）与 SC50（备用进线电缆）焊接钢管作保护，并做防水处理（做法见《建筑电气安装工程图集》）。
5. 本电气工程采用 TN-C-S 接地系统，在电源进线处进行重复接地（接地电阻应≤1Ω，否则应增打人工接地极）。

四、电力与照明系统

1. 一层插座线路除标注外，均为穿 SC20 焊接钢管直埋地敷设，其余各层为穿 FPC 阻燃聚氯乙烯管在墙内或现浇板内敷设。
2. 两开间教室 [8×7=56(m^2)] 与三开间教室 [12×7=84(m^2)]，荧光灯具布置及尺寸均相同。
3. 各教室内，除东西方向（竖向）照明支干线均采用 PC20 管外，其它双根绝缘导线均采用 PC（PVC）16 阻燃聚氯乙烯管。
4. 各层由竖井穿越走廊至教室的 9 根导线（5 条照明支线、3 根零线、1 根吊扇），WL4.5.6 与 WL7.8 各用 1 根零线，另 1 根零线用于吊扇。
5. 教室荧光灯均装设补偿电容器（4.7μF/根）。
6. 照明线路绝缘导线穿管，如无标注时，应根据导线根数按穿管选择表进行。
7. 学生教室照明电源、教室吊扇及插座电源采用在值班室照明控制箱进行集中控制。
8. 各层在竖井内出线时，普通教室照明线路与吊扇电源同穿线管。
9. 二～六层走廊照明线路（两根铜芯护套线）穿埋地管进入配电室电缆沟后，再经由电缆竖井内线槽至各层（设置分线盒）。
10. 各微机与多媒体教室灯开关箱配置与接线均相同。

五、接地与防雷系统

1. 防雷接地接地极采用建筑物基础地基基础内钢筋自然接地体，屋顶防雷接地引下线采用在钢筋混凝土构造柱内的两根主钢筋引接，连接处应按 12 倍直径的钢筋长度进行密焊，焊接处应做防腐处理；并在距室外地坪 1.0m 处装设供测试接地电阻的连接板。
2. 接地装置安装完毕后应测试接地电阻合格：重复接地电阻应≤1Ω，防雷接地电阻应≤10Ω，否则应加装接地极。

3. 防雷接地装置及重复接地装置所用金属材料均应采用镀锌件。
4. 电气系统的金属线管、箱、盒等金属体，应按规范进行电气接地连接，电气通路可靠牢固。
5. 在配电室电缆沟内设置总等电位联结端子板（TYM），以下导电体应与总等电位联结端子（见DS25-03）板连接：①重复接地引线；②系统中性线N；③PE干线及配电柜底座；④进出电缆沟的所有金属线管；⑤室外金属给排水管道在进、出建筑物处作等电位联结（金属管道连接处应可靠连通和导电）。

六、电话通信系统
1. 电话通信系统水平分支线管均采用普通PVC工程塑料管；线管与分线箱均采用暗装形式。
2. 电话通信系统线路除标注外，均采用RVB(2×0.4)FPC16-WC-FC。
3. 电话分线箱（TP箱）外形尺寸约：300×500×160。

七、CATV电视系统
1. CAVT有线电视系统的配置各教室相同；系统前端箱电源由电缆竖井内引接电缆竖井电源。
2. CATV系统线路在电缆竖井内立管敷设，除标注外，均采用(SYKV-75-5)FPC16-WC。

八、有线广播系统
1. 有线广播音响系统信号源引接自1#教学楼广播室，或就近引接学校有线广播系统。
2. 有线广播音响系统机房只设置增音机（在配电室内），以扩展功放容量。
3. 有线广播音响系统线路除标注外，均采用BV(2×2.5)FPC16-WC.CC。

九、应急照明系统
1. 一层配电室广播室应急灯下面为应急照明配电箱及电源电动切换箱。
2. ⊗↓画于墙边为壁装，安装高度为3.0m；画于中间为吊链式安装（高度根据现场确定），箭头为方向指示。
3. 应急照明线路均穿钢管暗敷于墙内，而后沿墙壁至各层引出（设置分线盒）。

十、其他
1. 电气与弱电系统进出线路参数，线管管径及敷设方式均以各系统图为准。
2. 直埋地进线电缆在室外保护管口处，应做防腐处理，管口伸出建筑物1m以上。
3. 电铃线路除标注外，均采用BV(2×2.5)PC16-WC。
4. 学生教室各楼层控制配电箱门必须装设门锁。
5. 一层所有在地面内敷设的电气线路（强电与弱电），均采用穿钢管暗敷于地面内。

图 纸 目 录

1	DS25-01	设计及施工说明 图纸目录	14	DS25-14	值班室控制箱原理电路图
2	DS25-02	图例及主材表 绝缘导线穿管选择表	15	DS25-15	普通教室远控系统安装接线图
3	DS25-03	配电室电气主系统图	16	DS25-16	一层应急照明及电铃平面图
4	DS25-04	配电室布置示意图	17	DS25-17	二层应急照明及电铃平面图
5	DS25-05	教室照明系统图	18	DS25-18	三～六层应急照明及电铃平面图
6	DS25-06	电力供电系统图	19	DS25-19	电话通信系统图
7	DS25-07	等电位联结示意图 值班室电气系统图	20	DS25-20	CATV电视系统图
8	DS25-08	一层电气照明平面图	21	DS25-21	有线广播系统图
9	DS25-09	二层电气照明平面图	22	DS25-22	一层弱电系统平面图
10	DS25-10	三、四、五、六层电气照明平面图	23	DS25-23	二层弱电系统平面图
11	DS25-11	一层电力平面图	24	DS25-24	三～六层弱电系统平面图
12	DS25-12	微机微室、配电室、值班室电气平面图	25	DS25-25	屋顶防雷接地平面图
13	DS25-13	照明远控系统线路连接示意图盘面图			

××设计院	资质等级	乙 级	证书编号	
	工程名称	××2#教学楼		
	项 目	A区	合同编号	
项 目 负责人	专业负责人		设计编号	
	校 对		设计及施工说明 图纸目录	图 别	电施
审 定	设 计			图 号	DS25-01
审 核	制 图			日 期	

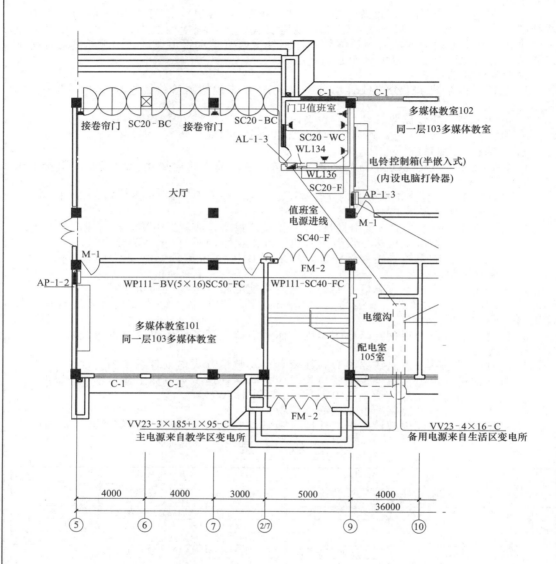

一层电力平面图

说明:
1. 多媒体教室 101、102、103 线路配置与安装形式相同。
2. 一层所有在地面内敷设的电气线路,均穿焊接钢管暗敷。
3. 进线电源详见 DS25-04。

单元1 建筑工程施工管理资料实训 | 87

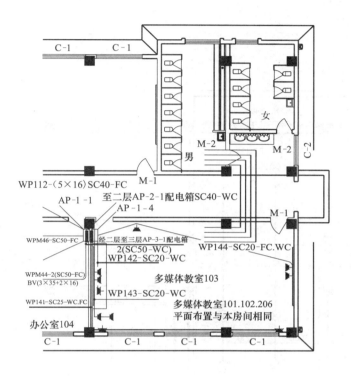
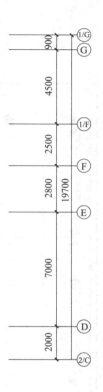
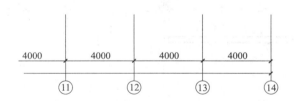

一层电力平面图

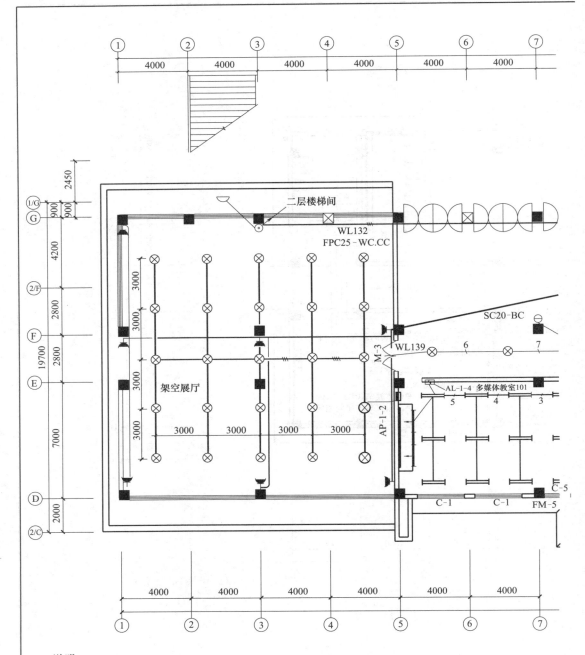

说明：
1. 此插座为带开关两极双用两极带接地插座，型号为PH86Z223K10，安装高度为1.2m。
2. 一层办公室与配电室电力插座线路导线均为BV(3×4)SC20-F。
3. 一层架空展厅插座采用PH86Z223A10，安装高度为距顶0.4m。
4. 门厅与展厅灯具型号由现场（业主）确定。
5. 此两电力配电箱可错位安装。
6. 配电室电气照明平面图及电缆沟出线详见DS25-04。

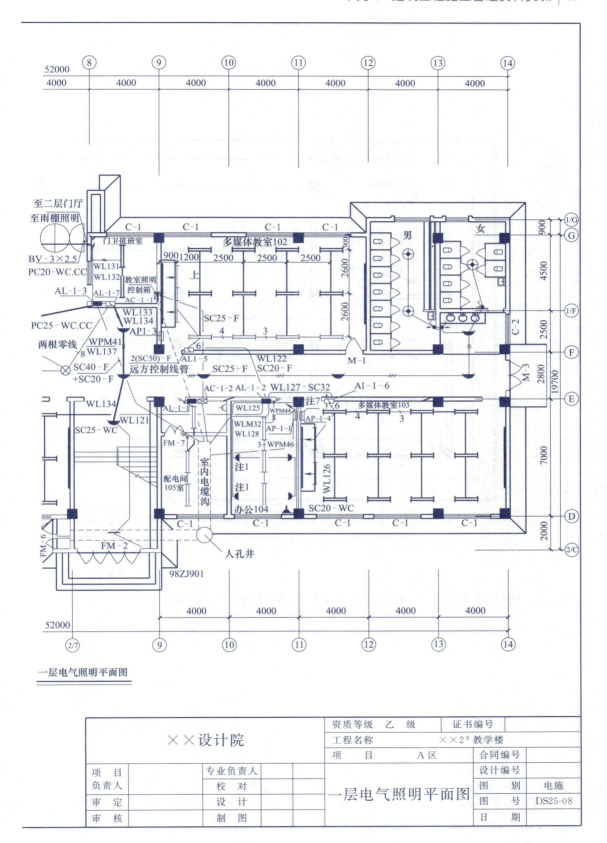

说明：
插座断路器箱（AL-*-2）各层安装位置相同，且为开竖井门后才能操作。

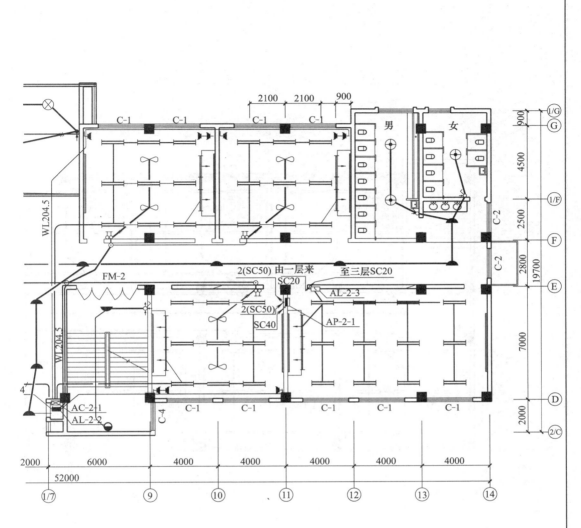

二层电气照明平面图

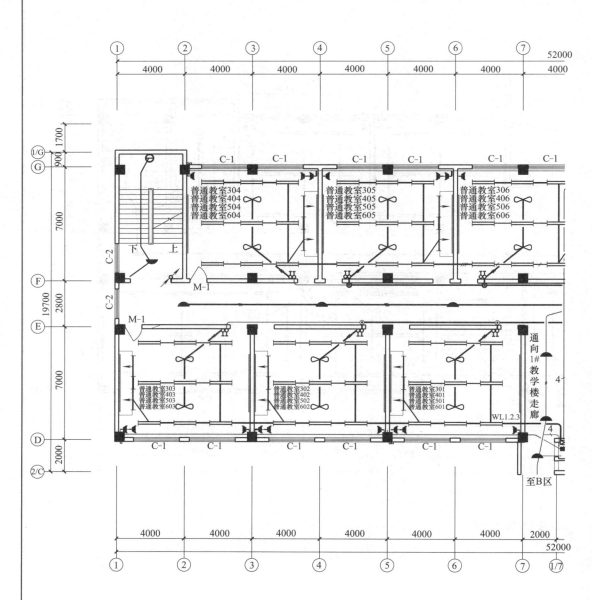

三、四、五、六层电气照明平面图

说明：
1. 三至六层教室照明、电源插座、吊扇及楼梯灯布置及安装形式均相同。
2. 二至六层竖井内布置及安装形式均相同。

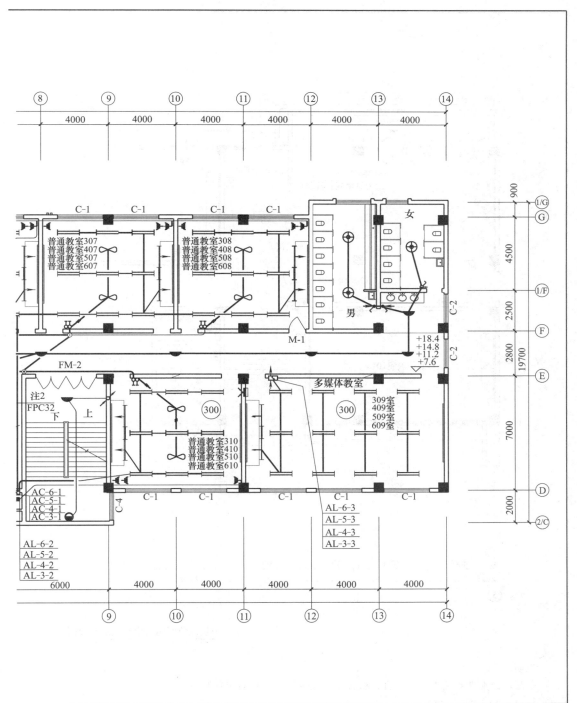

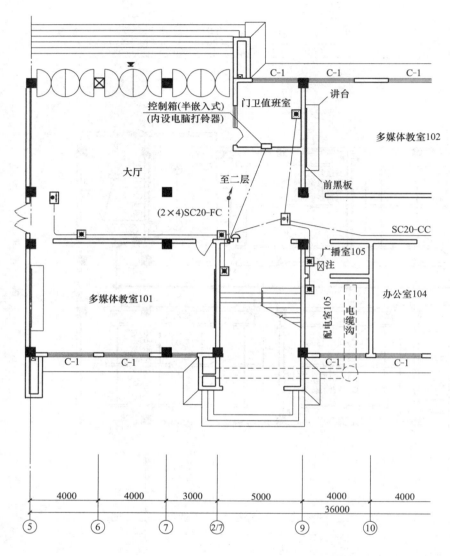

一层应急照明及电铃系统平面图

说明:
一层应急照明线路 WLE1,直接引接至应急照明箱上部的应急照明灯。

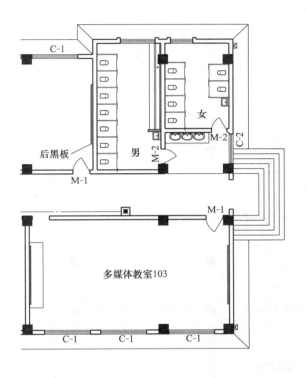
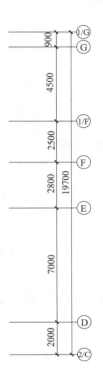
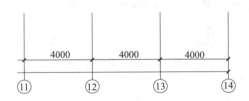

			资质等级	乙 级	证书编号		
××设计院			工程名称	××2#教学楼			
			项 目	A区	合同编号		
项 目 负责人		专业负责人			设计编号		
		校 对		一层应急照明及电铃系统平面图	图 别	电施
审 定		设 计			图 号	DS25-16
审 核		制 图			日 期	

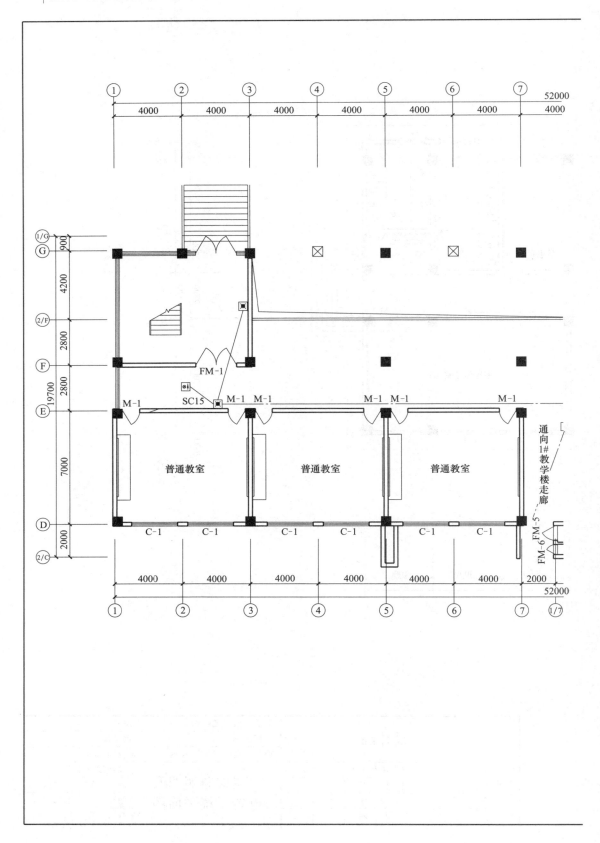

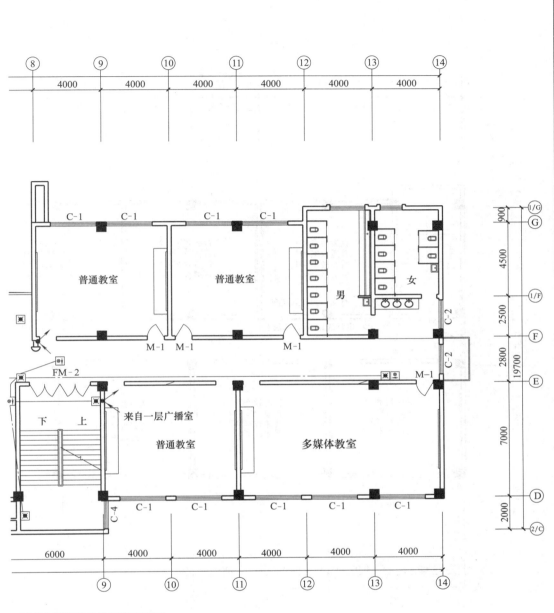

二层应急照明及电铃系统平面图

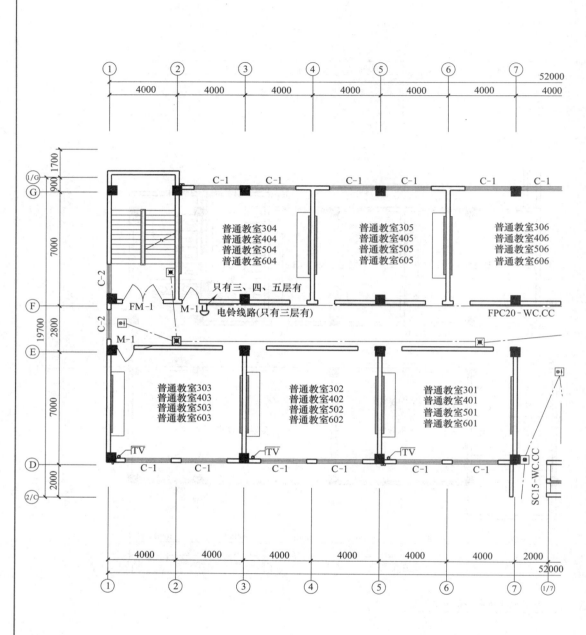

三～六层应急照明及电铃平面图

说明:
所有普通教室、微机教室及多媒体教室电视出口插座安装高度均为距顶0.8m。

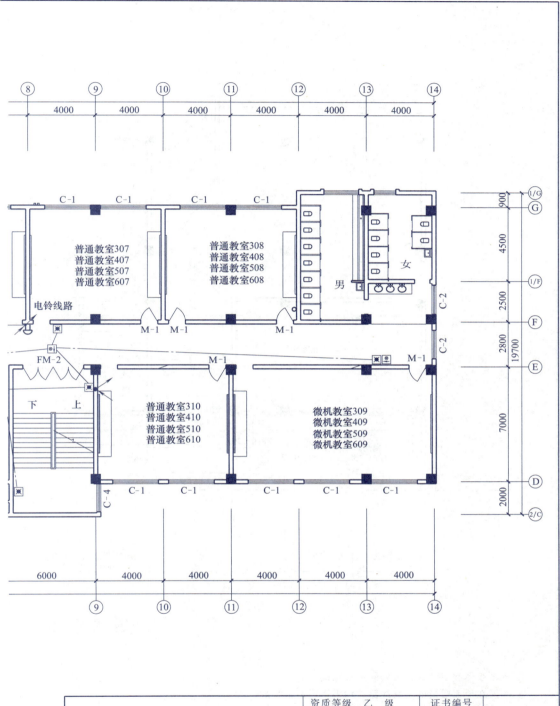

三～六层应急照明及电铃平面图

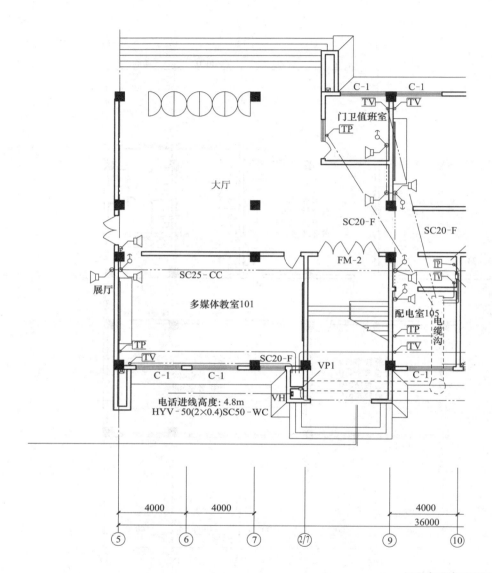

一层弱电系统平面图

说明：
1. 各多媒体教室调音开关安装形式相同。
2. 一层在地面敷设的所有线路，均采用穿钢管暗敷。

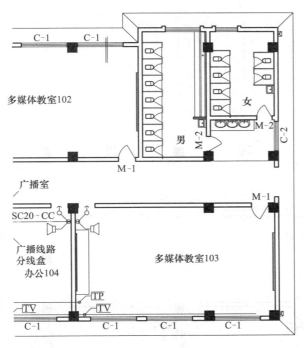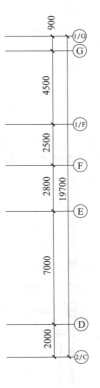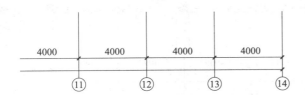

一层弱电系统平面图　图号 DS25-22

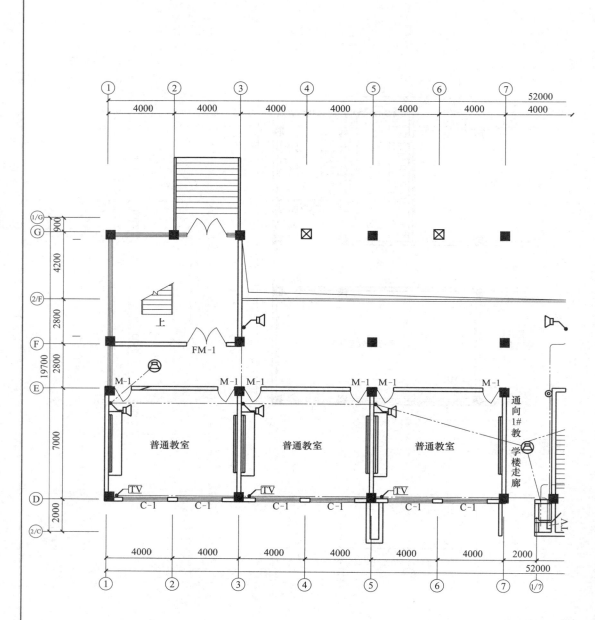

二层弱电系统平面图

说明:
普通教室无调音开关。

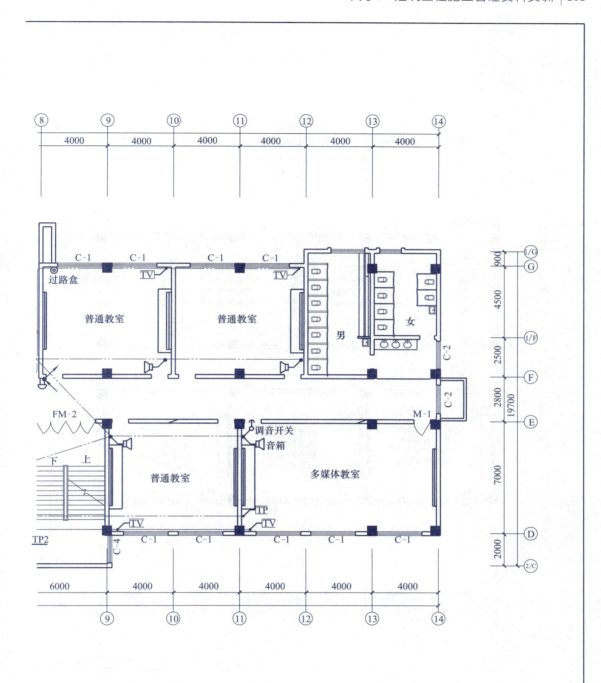

三～六层弱电系统平面图

说明：
所有普通教室、微机教室及多媒体教室电视出口插座安装高度均为距顶0.8m。

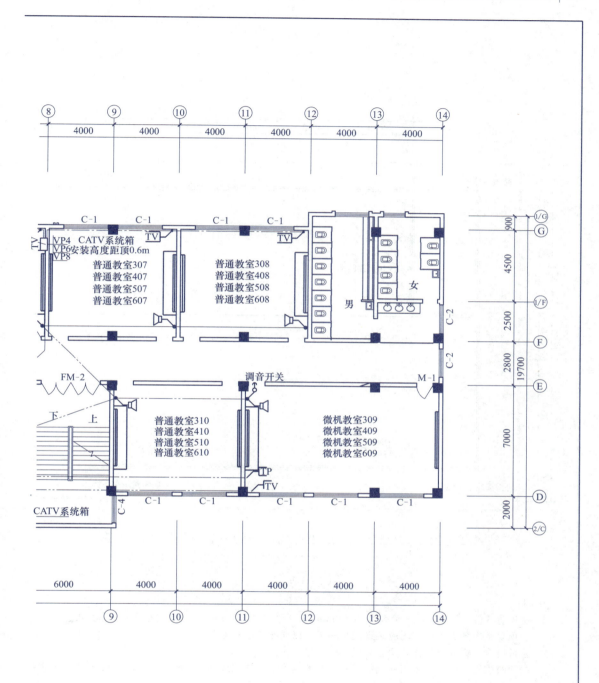

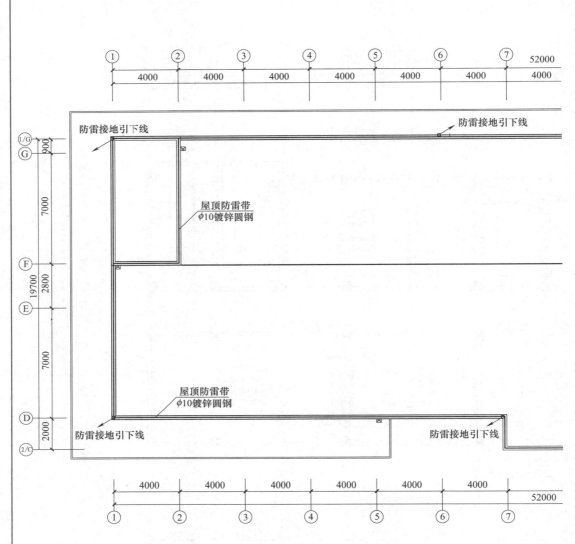

说明：

1. 屋顶防雷带支架间隔距离为800～1000mm；转弯处为300～500mm（形式参见《图集》JD 10-102）。
2. 层顶防雷带各引下线，均应装设测量端子，以便测量接地电阻。
3. 屋顶所有外露的金属体，均应与屋顶防雷带连接。
4. 屋顶防雷接地引下线采用在钢筋混凝土构造柱内的两根主钢筋混凝土构造柱内的两根主钢筋引接，连接处应按12倍直径的钢筋长度进行密焊，焊接处应做防腐处理。
5. 接地引下线在距地1.2m处装设扁钢连接板，以便测量接地电阻。

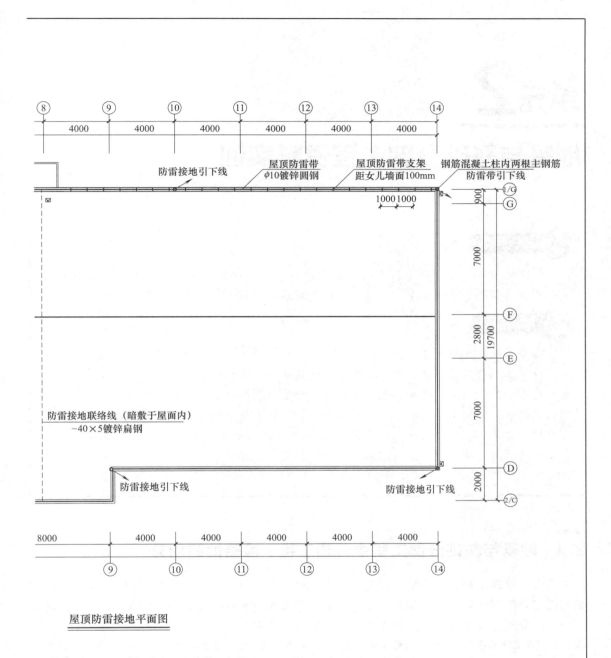

屋顶防雷接地平面图

单元 2
地基与基础分部工程资料实训

知识目标

了解地基与基础分部工程资料的组成，熟悉各个分项工程和检验批表格的填写方法，能完成撰写、收集、整理施工图的地基与基础分部工程质量控制管理资料工作。

能力目标

会填写工程定位测量、放线记录、土方开挖分项工程检验批质量验收记录表、土方回填分项工程检验批质量验收记录表、灰土地基分项工程检验批质量验收记录表、桩基成孔检验批质量验收记录表、钢筋笼检验批质量验收记录表、模板安装分项工程检验批验收记录表、混凝土原材料、混凝土拌合物、混凝土施工检验批质量验收记录表、钢筋原材料、加工、连接和安装检验批质量验收记录表、土方开挖分项工程质量验收记录表、土方回填分项工程质量验收记录表、钢筋隐蔽工程质量验收表、地基与基础分部工程质量验收表等。

2.1 地基与基础分部工程中分项工程、检验批的划分

结合《建筑工程施工质量验收统一标准》（GB 50300—2013）（以下简称《统一标准》）相关规定，按照《建筑地基基础工程施工质量验收标准》（GB 50202—2018）对本工程的地基与基础分部工程进行分项工程和检验批的划分，见表 2-1。

表 2-1 《建筑地基基础工程施工质量验收标准》规定的地基与基础分部工程进行分项工程和检验批的划分

分部工程	子分部工程	分项工程
地基与基础	地基	素土、灰土地基、砂和砂石地基、土工合成材料地基、粉煤灰地基、强夯地基、注浆地基、预压地基、砂石桩复合地基、高压喷射注浆复合地基、水泥土搅拌桩复合地基、土和灰土挤密桩复合地基、水泥粉煤灰碎石桩复合地基、夯实水泥土桩复合地基
	基础	无筋扩展基础、钢筋混凝土扩展基础、筏型与箱型基础、钢筋混凝土预制桩、泥浆护壁成孔灌注桩、干作业成孔灌注桩、长螺旋钻孔压灌桩、沉管灌注桩、钢桩、锚杆静压桩、岩石锚杆基础、沉井与沉箱

续表

分部工程	子分部工程	分项工程
地基与基础	特殊土地基基础	湿陷性黄土、冻土、膨胀土、盐渍土
	基坑支护	排桩、板桩围护墙、咬合桩围护墙、型钢水泥土搅拌墙、土钉墙、地下连续墙、重力式水泥土墙、土体加固、内支撑、锚杆
	地下水控制	降排水、回灌
	土石方	土方开挖、岩质基坑开挖、土石方堆放与运输、土石方回填
	边坡	喷锚支护、挡土墙、边坡开挖
	地下防水	主体结构防水、细部构造防水、特殊施工法结构防水、排水、注浆

按照《统一标准》的规定，根据工程实际情况，对本工程地基与基础部分划分分项工程和检验批。本工程由_____、_____、_____ 3 个子分部工程组成，本分部工程含_____个分项工程，共划分_____个检验批。

1. 土石方子分部工程

本子分部工程含_____、_____、_____三个分项工程。为了保证施工质量，按 1～7 轴线、7～14 轴线划分两个施工段，因此本子分部工程共划分为_____个检验批。

(1) _____分项工程：_____轴线、_____轴线各为一个检验批。

(2) _____分项工程：_____轴线、_____轴线各为一个检验批。

(3) _____分项工程：包括_____1～7 轴线、7～14 轴线两个检验批，和_____1～7 轴线、7～14 轴线两个检验批。

2. 地基子分部工程

地基处理仅含灰土地基分项工程（三七灰土），由图纸可看出三七灰土只设置在 1～7 轴线间基础 1 下，所以按施工段划分 1 个检验批。

3. 基础子分部工程

本子分部工程含_____、_____、_____三个分项工程。该子分部按照 1～7 轴线、7～14 轴线划分两个施工段，共划分为_____个检验批。

(1) 钢筋混凝土扩展基础分项工程：该分项工程按 1～7 轴线、7～14 轴线进行分段施工，可划分可分为_____个检验批，分别为_____、_____、_____、_____、_____检验批。

(2) 干作业成孔灌注桩分项工程：_____轴线、_____轴线各为一个检验批。

(3) 无筋扩展基础分项工程：包括_____1～7 轴线、7～14 轴线两个检验批，_____1～7 轴线、7～14 轴线两个检验批。

请同学们根据工程实例，将子分部、分项工程和检验批的划分结果填写于表 2-2。

表 2-2 地基与基础子分部、分项工程和检验批的划分汇总表

序号	子分部工程名称	分项工程名称	检验批名称	检验批数量

2.2 地基与基础分部工程技术资料

2.2.1 检验批、分项工程质量验收记录表

表2-3 扩底桩验槽记录

工程名称		基槽底设计标高	
施工单位		设计要求地质土层	
验槽日期		实际地质土层	

内容及草图：

A. 轴线尺寸情况：

B. 地质土层符合情况：

C. 脏土及有机物处理情况：

D. 设计标高误差情况：

验收结论：

建设单位：(公章)	勘察单位：(公章)	设计单位：(公章)	监理单位：(公章)	施工单位：(公章)
项目负责人：	项目负责人：	项目负责人：	监理工程师：	项目经理：
年 月 日	年 月 日	年 月 日	年 月 日	年 月 日

表 2-4 扩底桩施工记录

工程名称：　　　　　　　　　　　　　　　　　　　　　　　　　　　　　　　　　　　　　施工班组：
混凝土强度等级：　　　　　桩设计数：　　　　　桩施工数：　　　　　桩顶设计标高：

序号	桩孔编号	施工日期	设计尺寸/m							成孔尺寸/m							垂直度 /cm	成孔体积 /m³	实灌体积 /m³	备注
			桩径		桩长				桩径		桩长							
			d	D	H	H_1	H_2	H_3	H_4	d	D	H	H_1	H_2	H_3	H_4				

表 2-5　原土及回填土取样平面图

工程名称		取样标高	

取样平面图：

取样依据及方法：

| 取样人 | | 见证人 | | | 年　月　日 |

表2-6 见证取样记录

样品名称及规格	取样部位	批量	数量	日期（取样）	合格证编号

施工单位： 取样人： 年 月 日	见证人单位：(签章) 见证人： 年 月 日

表 2-7 技术复核记录

序号	日期	复核内容	复核人
序号	日期	复核内容	复核人

表 2-8 混凝土开盘鉴定

鉴定编号：　　　　　　　　　　　　　　　　　　　　　　　　鉴定日期：　　年　月　日

工程名称						工程部位		
施工单位						搅拌设备		
强度等级						搅拌负责人		
配合比编号						试配单位		
水灰比						砂率		
材料名称	水泥	砂	石	水	外加剂	掺和剂		
每盘用料/kg								
调整后每盘用料/kg	砂含水率：　　　%			石含水率：　　　%				
鉴定结果	鉴定项目	混凝土拌合物坍落度		混凝土试块抗压强度 $f_{cu,28}$标/MPa		原材料与申请单是否相附		
	设计							
	实测							
	鉴定意见							

备注：

施工单位：(公章) 项目技术负责人： 项目专业工长： 项目专业质量检查员： 年　月　日	建设(监理)单位：(公章) 项目专业监理工程师： 项目总监理工程师： 年　月　日

表 2-9 混凝土浇灌令

单位工程名称：　　　　　　　　　　　　　　　　编号：

浇筑部位或名称		浇筑日期	
混凝土强度等级		混凝土浇灌量	
混凝土配合比及编号		水灰比	
混凝土坍落度		混凝土用水量	
水泥厂家		水泥品牌	
水泥标号		水泥用量	
石子规格		沙子规格	
外加剂名称及用量：			
施工单位意见： 施工员（签字）： 质检员（签字）： 班组长（签字）： 　　　　　　　　　　　　　　　　　　　　　　　　　　年　月　日			
监理单位意见： 监理工程师：（签字） 　　　　　　　　　　　　　　　　　　　　　　　　　　年　月　日			

表 2-10 混凝土试块抗压强度汇总及评定表
（摘自 GB 50107—2010）

工程名称：　　　　　　　　　　　　　　　　　　　　　　　　　　　　　　　　日期：　　年　月　日

序号	试块代表部位	设计强度等级	试验报告编号	龄期/d	试块抗压强度值/(N/mm²)	数理统计	非数理统计	评定结果
						$mf_{cu} \geq f_{cu,k} + \lambda_1 \times Sf_{cu}$ $f_{cu,min} \geq \lambda_2 \times f_{cu,k}$	$mf_{cu} \geq \lambda_3 f_{cu,k}$ $f_{cu,min} \geq \lambda_4 f_{cu,k}$	
					计算数据	$mf_{cu} =$ $Sf_{cu} =$ $f_{cu,min} =$ $f_{cu,k} =$	$\lambda_1 =$ $\lambda_2 =$ $n =$ $\lambda_3 =$ $\lambda_4 =$	
					计算结果	数理统计 $mf_{cu} \geq f_{cu,k} + \lambda_1 \times Sf_{cu}$ $f_{cu,min} \geq \lambda_2 \times f_{cu,k}$	非数理统计 $mf_{cu} \geq \lambda_3 \times f_{cu,k}$ $f_{cu,min} \geq \lambda_4 \times f_{cu,k}$	

施工项目技术负责人：　　　　　　　　　　审核：　　　　　　　　　　计算：

表 2-11 混凝土试块强度统计、评定记录

工程名称					编号		
					强度等级		
施工单位					养护方法		
统计期		年 月 日 至 年 月 日			结构部位		
试块组 n	强度标准值 f_{cuk} /MPa	平均值 mf_{cu} /MPa		标准差 Sf_{cu} /MPa	最小值 $f_{cu,min}$ /MPa	合格判定系数	
						λ_1	λ_2
每组强度值 /MPa							
评定界限	□统计方法				□非统计方法		
	$\lambda_1 \times Sf_{cu}$	$f_{cu,k}+\lambda_1 \times Sf_{cu}$	$\lambda_2 \times f_{cu,k}$		λ_3	$\lambda_3 \times f_{cu,k}$	λ_4	$\lambda_4 \times f_{cu,k}$
判定式	$mf_{cu} \geqslant f_{cu,k}+\lambda_1 \times Sf_{cu}$		$f_{cu,min} \geqslant \lambda_2 \times f_{cu,k}$		$mf_{cu} \geqslant \lambda_3 \times f_{cu,k}$		$f_{cu,min} \geqslant \lambda_4 \times f_{cu,k}$
结果							

结论：

签字栏	批准		审核		统计	
	报告日期			年 月 日		

注：本表由建设单位、施工单位、城建档案馆各保存一份。

表 2-12 土方开挖检验批质量验收记录

01050101 _____

单位(子单位)工程名称			分部(子分部)工程名称		地基与基础分部——土方子分部	分项工程名称	土方开挖分项
施工单位			项目负责人			检验批容量	
分包单位			分包单位项目负责人			检验批部位	
施工依据			土方开挖专项施工方案		验收依据	《建筑地基基础工程施工质量验收标准》(GB 50202—2018)	
验收项目			设计要求及规范规定		最小/实际抽样数量	检查记录	检查结果
主控项目	1	标高	柱基基坑基槽/mm		0 −50	/	
			场地平整/mm	人工	±30	/	
				机械	±50	/	
			管沟/mm		0 −50	/	
			地(路)面基础层/mm		0 −50	/	
	2	长度、宽度(由设计中心)线向两边量	柱基基坑基槽/mm		+200;−50	/	
			场地平整/mm	人工	+300;−100	/	
				机械	+500;−150	/	
			管沟/mm		+100 0	/	
			地(路)面基础层/mm		设计值	/	
	3	坡率	设计要求			/	
一般项目	1	表面平整度	柱基基坑基槽/mm		±20	/	
			场地平整/mm	人工	±20	/	
				机械	±50	/	
			管沟/mm		±20	/	
			地(路)面基础层/mm		±20	/	
	2	基底土性	设计要求			/	
施工单位检查结果						专业工长： 项目专业质量检查员： 年 月 日	
监理单位验收结论						专业监理工程师： 年 月 日	

表 2-13 ＿＿＿＿＿＿＿＿＿＿分项工程质量验收记录

编号：＿＿＿＿＿

单位(子单位)工程名称			分部(子分部)工程名称			
分项工程数量			检验批数量			
施工单位			项目负责人		项目技术负责人	
分包单位			分包单位项目负责人		分包内容	

序号	检验批名称	检验批容量	部位/区段	施工单位检查结果	监理单位验收结论
1					
2					
3					
4					
5					
6					
7					
8					
9					
10					
11					
12					
13					
14					
15					

说明：

施工单位检查结果	项目专业技术负责人： 年 月 日
监理单位验收结论	专业监理工程师： 年 月 日

表 2-14 土方回填检验批质量验收记录

01050201 _____

单位(子单位) 工程名称			分部(子分部) 工程名称		地基与基础分部 ——土方子分部	分项工程名称	土方回填分项
施工单位			项目负责人			检验批容量	
分包单位			分包单位 项目负责人			检验批部位	
施工依据			土方开挖专项施工方案		验收依据	《建筑地基基础工程施工质量验收标准》(GB 50202—2018)	
验收项目			设计要求及规范规定		最小/实际 抽样数量	检查记录	检查结果
主控项目	1	标高	柱基、基坑、基槽、管沟、地(路)面/mm		0 -50	/	
	2	分层压实系数	场地平整/mm	人工	±30	/	
				机械	±50	/	
			不小于设计值			/	
一般项目	1	回填土料	设计要求			/	
	2	分层厚度	设计值			/	
	3	含水量	柱基、基坑、基槽、管沟、地(路)面最优含水量±2%			/	
			场地平整最优含水量±4%			/	
	4	表面平整度	柱基、基坑、基槽、管沟、地(路)面/mm		±20	/	
			场地平整/mm	人工	±20	/	
				机械	±30	/	
	5	有机质含量	≤5%			/	
	6	辗迹重叠长度	mm		500~1000	/	
施工单位 检查结果			专业工长: 项目专业质量检查员: 年 月 日				
监理单位 验收结论			专业监理工程师: 年 月 日				

表 2-15 ＿＿＿＿＿＿＿＿＿＿分项工程质量验收记录

编号：＿＿＿＿＿

单位(子单位)工程名称			分部(子分部)工程名称		
分项工程数量			检验批数量		
施工单位			项目负责人		项目技术负责人
分包单位			分包单位项目负责人		分包内容

序号	检验批名称	检验批容量	部位/区段	施工单位检查结果	监理单位验收结论
1					
2					
3					
4					
5					
6					
7					
8					
9					
10					
11					
12					
13					
14					
15					

说明：

施工单位检查结果	项目专业技术负责人： 年 月 日
监理单位验收结论	专业监理工程师： 年 月 日

表 2-16 _____报验申请表

工程名称：　　　　　　　　　　　　　　　　　　　　　　　　　　　编号：

致：
　　　我单位已完成_____工作，现报上该工程报验申请表，请予以审查和验收。

　　陈件：

承包单位(章)_____

项目经理_____

日期_____

审查意见：

项目监理机构_____

总/专业监理工程师_____

日期_____

表2-17 素土、灰土地基检验批质量验收记录

01010101 _____

单位(子单位)工程名称		分部(子分部)工程名称	地基与基础分部——地基子分部	分项工程名称	素土、灰土地基分项
施工单位		项目负责人		检验批容量	
分包单位		分包单位项目负责人		检验批部位	
施工依据	《建筑地基处理技术规范》(JGJ 79—2012)		验收依据	《建筑地基基础工程施工质量验收标准》(GB 50202—2018)	
	验收项目	设计要求及规范规定	最小/实际抽样数	检查记录	检查结果
主控项目	1 地基承载力	不小于设计值			
	2 配合比	设计要求			
	3 压实系数	不小于设计值			
一般项目	1 石灰粒径/mm	≤5			
	2 土料有机质含量/%	≤5			
	3 土颗粒粒径/mm	≤15			
	4 含水量(与要求的最优含水量比较)/%	±2			
	5 分层厚度偏差(与设计要求比较)/mm	±50			
施工单位检查结果			专业工长： 项目专业质量检查员： 年 月 日		
监理单位验收结论			专业监理工程师： 年 月 日		

表2-18　　　　　　　　　　　　　分项工程质量验收记录

编号：_____

单位（子单位） 工程名称			分部（子分部） 工程名称			
分项工程数量			检验批数量			
施工单位			项目 负责人		项目技术 负责人	
分包单位			分包单位 项目负责人		分包内容	
序号	检验批名称	检验批 容量	部位/区段	施工单位检查结果		监理单位验收结论
1						
2						
3						
4						
5						
6						
7						
8						
9						
10						
11						
12						
13						
14						
15						

说明：

施工单位 检查结果	项目专业技术负责人： 　　　年　　月　　日
监理单位 验收结论	专业监理工程师： 　　　年　　月　　日

表 2-19 ＿＿＿＿＿＿＿＿＿＿＿＿＿＿**报验申请表**

工程名称： 编号：

致：
　　　我单位已完成＿＿＿＿＿＿＿＿＿＿＿＿＿＿＿＿＿＿＿＿＿＿＿工作，现报上该工程报验申请表，请予以审查和验收。

　　附件：

承包单位（章）＿＿＿＿＿＿＿

项目经理＿＿＿＿＿＿＿

日期＿＿＿＿＿＿＿

审查意见：

项目监理机构＿＿＿＿＿＿＿

总/专业监理工程师＿＿＿＿＿＿＿

日期＿＿＿＿＿＿＿

表 2-20 模板安装检验批质量验收记录

01020201__001__
01020301_____

单位(子单位)工程名称			分部(子分部)工程名称		地基与基础分部——基础子分部	分项工程名称	
施工单位			项目负责人			检验批容量	
分包单位			分包单位项目负责人			检验批部位	
施工依据				验收依据		《混凝土结构工程施工质量验收规范》(GB 50204—2015)	
		验收项目	设计要求及规范规定	最小/实际抽样数量	检查记录		检查结果
主控项目	1	模板和支架材料的外观、规格和尺寸	第 4.2.1 条	/			
	2	模板及支架的安装质量	第 4.2.2 条	/			
	3	后浇带处的模板及支架设置	第 4.2.3 条	/			
	4	支架竖杆和竖向模板安装在土层上的要求	第 4.2.4 条	/			
一般项目	1	模板安装的质量要求	第 4.2.5 条	/			
	2	隔离剂的品种和涂刷方法、避免隔离剂沾污、造成污染	第 4.2.6 条	/			
	3	模板起拱高度	第 4.2.7 条	/			
	4	多层连续支模的要求	第 4.2.8 条	/			
	5	预埋件和预留孔洞的安装允许偏差	预埋中心线位置/mm		3	/	
			预埋管、预留孔中心线位置/mm		3	/	
			插筋	中心线位置/mm	5	/	
				外露长度/mm	+10,0	/	
			预埋螺栓	中心线位置/mm	2	/	
				外露长度/mm	+10,0	/	
			预留洞	中心线位置/mm	10	/	
				尺寸/mm	+10,0	/	
	6	模板安装允许偏差/mm	轴线位置		5	/	
			底模上表面标高/mm		±5	/	
			模板内部尺寸/mm	基础	±10	/	
				柱、墙、梁	±5	/	
				楼梯相邻踏步高差	5	/	
			柱、墙垂直度/mm	层高≤6m	8	/	
				层高>6m	10	/	
			相邻模板表面高差/mm		2	/	
			表面平整度/mm		5	/	

续表

验收项目			设计要求及规范规定	最小/实际抽样数量	检查记录	检查结果
一般项目	7	预制构件模板安装的允许偏差及检验方法	长度 梁、板	±4	/		
			长度 薄腹梁	±8	/		
			长度 柱	0,−10	/		
			长度 墙板	0,−5	/		
			宽度 板、墙板	0,−5	/		
			宽度 梁、薄腹梁、桁架	+2,−5	/		
			高(厚)度 板	+2,−3	/		
			高(厚)度 墙板	0,−5	/		
			高(厚)度 梁、薄腹梁、桁架、柱	+2,−5	/		
			侧向弯曲 梁、板、柱	$L/1000$ 且 $\leqslant 15$	/		
			侧向弯曲 墙板、薄腹梁、桁架	$L/1500$ 且 $\leqslant 15$	/		
			板的表面平整度	3	/		
			相邻模板表面高差	1	/		
			对角线差 板	7	/		
			对角线差 墙板	5	/		
			翘曲 板、墙板	$L/1500$	/		
			设计起拱 薄腹梁、桁架、梁	±3	/		

施工单位检查结果	专业工长： 项目专业质量检查员： 年 月 日
监理单位验收结论	专业监理工程师： 年 月 日

表 2-21 _____分项工程质量验收记录

编号：_____

单位(子单位) 工程名称				分部(子分部) 工程名称			
分项工程数量				检验批数量			
施工单位				项目 负责人		项目技术 负责人	
分包单位				分包单位 项目负责人		分包内容	

序号	检验批名称	检验批容量	部位/区段	施工单位检查结果	监理单位验收结论
1					
2					
3					
4					
5					
6					
7					
8					
9					
10					
11					
12					
13					
14					
15					

说明：	
施工单位 检查结果	项目专业技术负责人： 　　　　　　　　　年　月　日
监理单位 验收结论	专业监理工程师： 　　　　　　　　　年　月　日

表 2-22 _____报验申请表

工程名称：   编号：

致：
　　我单位已完成_____工作，现报上该工程报验申请表，请予以审查和验收。

　　附件：

承包单位(章)_____

项目经理_____

日期_____

审查意见：

项目监理机构_____

总/专业监理工程师_____

日期_____

表 2-23 钢筋原材料检验批质量验收记录

02010201 _____

单位(子单位)工程名称		分部(子分部)工程名称		地基与基础分部——基础子分部	分项工程名称	
施工单位		项目负责人			检验批容量	
分包单位		分包单位项目负责人			检验批部位	
施工依据				验收依据	《混凝土结构工程施工质量验收规范》(GB 50204—2015)	

		验收项目	设计要求及规范规定	样本总数	最小/实际抽样数量	检查记录	检查结果
主控项目	1	钢筋力学性能和重量偏差检验	第5.2.1条		/		
	2	成型钢筋力学性能和重量偏差检验	第5.2.2条		/		
	3	抗震用钢筋强度实测值	第5.2.3条		/		
一般项目	1	钢筋外观质量	第5.2.4条		/		
	2	成型钢筋外观质量和尺寸偏差	第5.2.5条		/		
	3	钢筋机械连接套筒、锚固板及预埋件外观质量	第5.2.6条		/		

施工单位检查结果	专业工长： 项目专业质量检查员：
监理单位验收结论	专业监理工程师：

表 2-24 钢筋加工检验批质量验收记录

02010202 _____

单位(子单位) 工程名称			分部(子分部) 工程名称		地基与基础分部 ——基础子分部	分项工程名称	
施工单位			项目负责人			检验批容量	
分包单位			分包单位 项目负责人			检验批部位	
施工依据					验收依据	《混凝土结构工程施工质量验收规范》 (GB 50204—2015)	
		验收项目		设计要求及 规范规定	样本 总数	最小/实际 抽样数量	检查记录	检查结果
主控项目	1	钢筋弯折的弯弧内直径		第 5.3.1 条		/		
	2	纵向受力钢筋弯折要求		第 5.3.2 条		/		
	3	箍筋、拉筋的末端弯钩要求		第 5.3.3 条		/		
	4	盘卷钢筋调直应进行力学性能和重量偏差检验		第 5.3.4 条		/		
一般项目	1	钢筋加工的允许偏差/mm	受力钢筋沿长度方向的净尺寸	±10		/		
			弯起钢筋的弯折位置	±20		/		
			箍筋外廓尺寸	±5		/		
施工单位 检查结果						专业工长: 项目专业质量检查员:		
监理单位 验收结论						专业监理工程师:		

表 2-25　钢筋连接检验批质量验收记录

02010203 _____

单位(子单位) 工程名称			分部(子分部) 工程名称	地基与基础分部 ——基础子分部	分项工程名称	
施工单位			项目负责人		检验批容量	
分包单位			分包单位 项目负责人		检验批部位	
施工依据				验收依据	《混凝土结构工程施工质量验收规范》 (GB 50204—2015)	
		验收项目	设计要求及 规范规定	样本 总数	最小/实际 抽样数量	检查记录	检查结果
主控项目	1	钢筋的连接方式	第5.4.1条		/		
	2	机械连接或焊接连接接头的力学性能、弯曲性能	第5.4.2条		/		
	3	螺纹接头拧紧扭矩值,挤压接头压痕直径	第5.4.3条		/		
一般项目	1	钢筋接头的位置	第5.4.4条		/		
	2	机械连接接头、焊接接头的外观质量	第5.4.5条		/		
	3	机械连接接头、焊接接头的接头面积百分率	第5.4.6条		/		
	4	绑扎搭接接头的设置	第5.4.7条		/		
	5	搭接长度范围内的箍筋	第5.4.8条		/		
施工单位 检查结果			专业工长: 项目专业质量检查员:				
监理单位 验收结论			专业监理工程师:				

表 2-26 钢筋安装检验批质量验收记录

02010204 _____

单位(子单位)工程名称				分部(子分部)工程名称		地基与基础分部——基础子分部	分项工程名称	
施工单位				项目负责人			检验批容量	
分包单位				分包单位项目负责人			检验批部位	
施工依据					验收依据		《混凝土结构工程施工质量验收规范》(GB 50204—2015)	
		验收项目		设计要求及规范规定	样本总数	最小/实际抽样数量	检查记录	检查结果
主控项目	1	受力钢筋的牌号、规格和数量		第5.5.1条		/		
	2	受力钢筋安装位置、锚固方式		第5.5.2条		/		
一般项目	1	钢筋安装允许偏差/mm	绑扎钢筋网	长、宽	±10	/		
				网眼尺寸	±20	/		
			绑扎钢筋骨架	长	±10	/		
				宽、高	±5	/		
			纵向受力钢筋	锚固长度	−20	/		
				间距	±10	/		
				排距	±5	/		
			纵向受力钢筋、箍筋的混凝土保护层厚度	基础	±10	/		
				柱、梁	±5	/		
				板、墙、壳	±3	/		
			绑扎箍筋、横向钢筋间距		±20	/		
			钢筋弯起点位置		20	/		
			预埋件	中心线位置	5	/		
				水平高差	+3,0	/		
施工单位检查结果							专业工长: 项目专业质量检查员: 年 月 日	
监理单位验收结论							专业监理工程师: 年 月 日	

表 2-27 隐蔽工程验收记录

验收日期： 年 月 日

第 页

工　程　名　称				依　据　图　纸	
隐蔽工程验收内容	检验批名称	部位（轴线、标高、桩号）/mm	截面尺寸/mm	规格	主筋连接方式	简图说明（如无变更可标竣工图号）
验收意见	自检意见					
	施工单位专职质量检查员 （公章）			单位工程项目技术负责人 （公章）	
	监理（建设）单位验收人				

表 2-28 ＿＿＿＿＿＿分项工程质量验收记录

编号：＿＿＿＿＿＿

单位(子单位)工程名称				分部(子分部)工程名称			
分项工程数量				检验批数量			
施工单位				项目负责人		项目技术负责人	
分包单位				分包单位项目负责人		分包内容	
序号	检验批名称	检验批容量	部位/区段	施工单位检查结果		监理单位验收结论	
1							
2							
3							
4							
5							
6							
7							
8							
9							
10							
11							
12							
13							
14							
15							
说明：							
施工单位检查结果		项目专业技术负责人： 年　月　日					
监理单位验收结论		专业监理工程师： 年　月　日					

表 2-29 _____报验申请表

工程名称：　　　　　　　　　　　　　　　　　　　　　　　　　　编号：

致：
　　我单位已完成_____工作，现报上该工程报验申请表，请予以审查和验收。

　　附件：

　　　　　　　　　　　　　　　　　　　　　　　　　　　承包单位（章）_____

　　　　　　　　　　　　　　　　　　　　　　　　　　　　　项目经理_____

　　　　　　　　　　　　　　　　　　　　　　　　　　　　　　日　期_____

审查意见：

　　　　　　　　　　　　　　　　　　　　　　　　　　　项目监理机构_____

　　　　　　　　　　　　　　　　　　　　　　　　总/专业监理工程师_____

　　　　　　　　　　　　　　　　　　　　　　　　　　　　　　日　期_____

表 2-30　混凝土灌注桩（钢筋笼）检验批质量验收记录

01020801 _____　01020901 _____
01021001 _____　01021101 _____
01030101 _____

单位(子单位)工程名称		分部(子分部)工程名称	地基与基础分部——基础子分部	分项工程名称	
施工单位		项目负责人		检验批容量	
分包单位		分包单位项目负责人		检验批部位	
施工依据			验收依据	《建筑地基基础工程施工质量验收规范》(GB 50202—2002)	

		验收项目	设计要求及规范规定	最小/实际抽样数量	检查记录	检查结果
主控项目	1	主筋间距/mm	±10	/		
	2	长度/mm	±100	/		
一般项目	1	钢筋材质检验	设计要求	/		
	2	箍筋间距/mm	±20	/		
	3	直径/mm	±10	/		

施工单位检查结果	专业工长： 项目专业质量检查员： 　　　　　　　　年　月　日
监理单位验收结论	专业监理工程师： 　　　　　　　　年　月　日

表2-31　干作业成孔灌注桩检验批质量验收记录

01020901001

单位(子单位)工程名称			分部(子分部)工程名称	地基与基础分部——地基子部分	分项工程名称	干作业成孔桩基础分项
施工单位			项目负责人		检验批容量	
分包单位			分包单位项目负责人		检验批部位	
施工依据				验收依据	《建筑地基基础工程施工质量验收标准》(GB 50202—2018)	
验收项目			设计要求及规范规定	最小/实际抽样数量	检查记录	检查结果
主控项目	1	承载力	不小于设计值			
	2	孔深及孔底土岩性	不小于设计值			
	3	桩身完整性	—			
	4	混凝土强度	不小于设计值			
	5	桩径	本标准表5.1.4			
一般项目	1	桩位	本标准表5.1.4			
	2	垂直度	本标准表5.1.4			
	3	桩顶标高/mm	+30 −50			
	4	混凝土坍落度	90～150			
	5	钢筋笼质量 主筋间距/mm	±10			
		长度/mm	±100			
		钢筋材质检验	设计要求			
		箍筋间距/mm	±20			
		笼直径/mm	±10			
施工单位检查结果			专业工长： 项目专业质量检查员： 　　　　　　　　　年　月　日			
监理单位验收结论			专业监理工程师： 　　　　　　　　　年　月　日			

表 2-32 _____分项工程质量验收记录

编号：_____

单位(子单位) 工程名称			分部(子分部) 工程名称			
分项工程数量			检验批数量			
施工单位			项目负责人		项目技术 负责人	
分包单位			分包单位 项目负责人		分包内容	

序号	检验批部位	检验批容量	部位/区段	施工单位检查结果	监理单位验收结论
1					
2					
3					
4					
5					
6					
7					
8					
9					
10					
11					
12					
13					
14					
15					

说明：

施工单位 检查结果	项目专业技术负责人： 年　月　日
监理单位 验收结论	专业监理工程师： 年　月　日

表 2-33 _____报验申请表

工程名称：　　　　　　　　　　　　　　　　　　　　　　　　　　　　　　　　编号：

致：
　　　我单位已完成_____工作，现报上该工程报验申请表，请予以审查和验收。

　　附件：

　　　　　　　　　　　　　　　　　　　　　　　　　　　　　　　承包单位（章）_____

　　　　　　　　　　　　　　　　　　　　　　　　　　　　　　　　　项目经理_____

　　　　　　　　　　　　　　　　　　　　　　　　　　　　　　　　　　日期_____

审查意见：

　　　　　　　　　　　　　　　　　　　　　　　　　　　　　　项目监理机构_____

　　　　　　　　　　　　　　　　　　　　　　　　　　　　　总/专业监理工程师_____

　　　　　　　　　　　　　　　　　　　　　　　　　　　　　　　　　日期_____

表 2-34 混凝土原材料检验批质量验收记录

02010301 _____

单位(子单位)工程名称		分部(子分部)工程名称	地基与基础分部——基础子分部	分项工程名称	
施工单位		项目负责人		检验批容量	
分包单位		分包单位项目负责人		检验批部位	
施工依据			验收依据	《混凝土结构工程施工质量验收规范》(GB 50204—2015)	

		验收项目	设计要求及规范规定	样本总数	最小/实际抽样数量	检查记录	检查结果
主控项目	1	水泥进场检验	第7.2.1条		/		
	2	混凝土外加剂进场检验	第7.2.2条		/		
一般项目	1	矿物掺合料进场检验	第7.2.3条		/		
	2	粗细骨料的质量	第7.2.4条		/		
	3	混凝土拌制及养护用水	第7.2.5条		/		

施工单位检查结果	专业工长： 项目专业质量检查员： 年 月 日
监理单位验收结论	专业监理工程师： 年 月 日

表 2-35 混凝土拌合物检验批质量验收记录

01020207 _____

01020307 _____

单位(子单位)工程名称			分部(子分部)工程名称		地基与基础分部——基础子分部	分项工程名称	
施工单位			项目负责人			检验批容量	
分包单位			分包单位项目负责人			检验批部位	
施工依据				验收依据		《混凝土结构工程施工质量验收规范》(GB 50204—2015)	
		验收项目	设计要求及规范规定		最小/实际抽样数量	检查记录	检查结果
主控项目	1	预拌混凝土质量	第 7.3.1 条		/		
	2	混凝土拌合物不应离析	第 7.3.2 条		/		
	3	混凝土中氯离子含量和碱总量	第 7.3.3 条		/		
	4	首次使用的混凝土配合比应进行开盘鉴定	第 7.3.4 条		/		
一般项目	1	混凝土拌合物稠度	第 7.3.5 条		/		
	2	混凝土有耐久性指标要求时,应进行耐久性检验	第 7.3.6 条		/		
	3	混凝土有抗冻要求时,应进行含气量检验	第 7.3.7 条		/		
施工单位检查结果					专业工长: 项目专业质量检查员: 年 月 日		
监理单位验收结论					专业监理工程师: 年 月 日		

表 2-36 混凝土施工检验批质量验收记录

02010303 _____

单位(子单位)工程名称		分部(子分部)工程名称	地基与基础分部——基础子分部	分项工程名称	
施工单位		项目负责人		检验批容量	
分包单位		分包单位项目负责人		检验批部位	
施工依据			验收依据	《混凝土结构工程施工质量验收规范》(GB 50204—2015)	

		验收项目	设计要求及规范规定	样本总数	最小/实际抽样数量	检查记录	检查结果
主控项目		混凝土强度等级及试件的取样和留置	第7.4.1条		/		
一般项目	1	后浇带的留设位置,后浇带和施工缝的留设及处理方法	第7.4.2条		/		
	2	养护措施	第7.4.3条		/		

施工单位检查结果	专业工长: 项目专业质量检查员: 年 月 日
监理单位验收结论	专业监理工程师: 年 月 日

表 2-37　　　　　　　　　　　　　　　分项工程质量验收记录

编号：_____

单位(子单位)工程名称		分部(子分部)工程名称			
分项工程数量		检验批数量			
施工单位		项目负责人		项目技术负责人	
分包单位		分包单位项目负责人		分包内容	

序号	检验批名称	检验批容量	部位/区段	施工单位检查结果	监理单位验收结论
1					
2					
3					
4					
5					
6					
7					
8					
9					
10					
11					
12					
13					
14					
15					

说明：	
施工单位检查结果	项目专业技术负责人： 年　月　日
监理单位验收结论	专业监理工程师： 年　月　日

表 2-38 _____报验申请表

工程名称：　　　　　　　　　　　　　　　　　　　　　　　　　　　　　　　　编号：

致：
　　　我单位已完成_____工作，现报上该工程报验申请表，请予以审查和验收。

　　附件：

承包单位（章）_____

项目经理_____

日期_____

审查意见：

项目监理机构_____

总/专业监理工程师_____

日期_____

表 2-39 现浇结构外观质量、位置和尺寸偏差检验批质量验收记录

01020209 _____
01020309 _____

单位(子单位)工程名称				分部(子分部)工程名称		地基与基础分部——基础子分部	分项工程名称	
施工单位				项目负责人			检验批容量	
分包单位				分包单位项目负责人			检验批部位	
施工依据					验收依据		《混凝土结构工程施工质量验收规范》(GB 50204—2015)	
		验收项目		设计要求及规范规定	最小/实际	检查记录		检查结果
主控项目	1	现浇结构的外观质量不应有严重缺陷		第8.2.1条	/			
	2	现浇结构不应有影响结构性能或使用功能的尺寸偏差		第8.3.1条	/			
一般项目	1	现浇结构的外观质量不应有一般缺陷		第8.2.2条	/			
	2	轴线位置/mm	整体基础	15	/			
			独立基础	10	/			
			柱、墙、梁	8	/			
	3	垂直度/mm	层高 ≤6m	10	/			
			层高 >6m	12	/			
			全高(H)≤300m	$H/30000+20$ ($H=$____ mm)	/			
			全高(H)>300m	$H/10000$ 且≤80 ($H=$____ mm)	/			
	4	标高/mm	层高	±10	/			
			全高	±30	/			
	5	截面尺寸/mm	基础	+15,-10	/			
			柱、梁、板、墙	+10,-5	/			
			楼梯相邻踏步高差	6	/			
	6	电梯井/mm	中心位置	10	/			
			长、宽尺寸	+25,0	/			
	7	表面平整度/mm		8	/			
	8	预埋件中心位置/mm	预埋板	10	/			
			预埋螺栓	5	/			
			预埋管	5	/			
			其它	10	/			
	9	预留洞、孔中心线位置/mm		15	/			
施工单位检查结具					专业工长： 项目专业质量检查员： 年 月 日				
监理单位验收结论					专业监理工程师： 年 月 日				

表 2-40 _____分项工程质量验收记录

编号：_____

单位(子单位)工程名称		分部(子分部)工程名称			
分项工程数量		检验批数量			
施工单位		项目负责人		项目技术负责人	
分包单位		分包单位项目负责人		分包内容	
序号	检验批部位	检验批容量	部位/区段	施工单位检查结果	监理单位验收结论
1					
2					
3					
4					
5					
6					
7					
8					
9					
10					
11					
12					
13					
14					
15					
说明：					
施工单位检查结果				项目专业技术负责人： 年 月 日	
监理单位验收结论				专业监理工程师： 年 月 日	

表 2-41 _____报验申请表

工程名称：　　　　　　　　　　　　　　　　　　　　　　　　　　　编号：

致：
　　我单位已完成_____工作，现报上该工程报验申请表，请予以审查和验收。

　　附件：

　　　　　　　　　　　　　　　　　　　　　　　　　　　　承包单位（章）_____

　　　　　　　　　　　　　　　　　　　　　　　　　　　　　　　项目经理_____

　　　　　　　　　　　　　　　　　　　　　　　　　　　　　　　　　日期_____

审查意见：

　　　　　　　　　　　　　　　　　　　　　　　　　　　　项目监理机构_____

　　　　　　　　　　　　　　　　　　　　　　　　　　总/专业监理工程师_____

　　　　　　　　　　　　　　　　　　　　　　　　　　　　　　　　　日期_____

表 2-42 砖砌体检验批质量验收记录

01020101 _____
02020101 _____

单位(子单位)工程名称				分部(子分部)工程名称		分项工程名称	
施工单位				项目负责人		检验批容量	
分包单位				分包单位项目负责人		检验批部位	
施工依据					验收依据		
		验收项目		设计要求及规范规定	最小/实际抽样数量	检查记录	检查结果
主控项目	1	砖强度等级必须符合设计要求		设计要求 MU____	/		
	2	砂浆强度等级必须符合设计要求		设计要求 M____	/		
	3	砂浆饱满度	墙水平灰缝	≥80%	/		
			柱水平及竖向灰缝	≥90%	/		
	4	转角、交接处		第5.2.3条	/		
		斜槎留置		第5.2.3条	/		
	5	直槎拉结钢筋及接槎处理		第5.2.4条	/		
一般项目	1	组砌方法		第5.3.1条	/		
	2	水平灰缝厚度		8～12mm	/		
	3	竖向灰缝宽度		8～12mm	/		
	4	轴线位移		≤10mm	/		
	5	基础、墙、柱顶面标高		±15mm 以内	/		
	6	每层墙面垂直度		≤5mm	/		
	7	表面平整度	清水墙柱	≤5mm	/		
			混水墙柱	≤8mm	/		
	8	水平灰缝平直度	清水墙	≤7mm	/		
			混水墙	≤10mm	/		
	9	门窗洞口高、宽(后塞口)		±10mm 以内	/		
	10	外墙上下窗口偏移		≤20mm	/		
	11	清水墙游丁走缝		≤20mm	/		
施工单位检查结果			专业工长： 项目专业质量检查员： 年 月 日				
监理单位验收结论			专业监理工程师： 年 月 日				

表 2-43 _____报验申请表

工程名称：　　　　　　　　　　　　　　　　　　　　　　　　　　　编号：

致：

我单位已完成_____工作，现报上该工程报验申请表，请予以审查和验收。

附件：

承包单位(章)_____

项目经理_____

日期_____

审查意见：

项目监理机构_____

总/专业监理工程师_____

日期_____

2.2.2 地基与基础分部质量验收记录填写

表 2-44 分部/分项工程质量报验认可单

工程名称： 编号：

致： （监理公司）

_____(分项/分部工程)已完成施工,按有关规范、验评标准进行了自检,质量等级为合格□ / 优良 □ ,请查验。

附件： 1.□ 质量保证资料汇总表 _____页
　　　 2.□ 预检工程检查记录单 _____页
　　　 3.□ 隐蔽工程检查记录 _____页
　　　 4.□ 分项工程质量检验评定表 _____页
　　　 5.□ 分项工程质量评定表 _____页
　　　 6.□ 其他 _____页

专职质量检察员：_____

承包单位：_____

项目经理：_____

日期：_____

审查意见：

经检查质量等级： □ 合格　　　□ 优良
　　　　　　　　 □ 不合格　　□ 不符合要求

项目监理机构：_____

总/专业监理工程师：_____

日期：_____

表 2-45 　　　　　　　　　　　　　分部工程质量验收记录

编号：_____

单位(子单位)工程名称		子分部工程数量		分项工程数量	
施工单位		项目负责人		技术(质量)负责人	
分包单位		分包单位负责人		分包内容	

序号	子分部工程名称	分项工程名称	检验批数量	施工单位检查结果	监理单位验收结论
1					
2					
3					
4					
5					
6					
7					
8					
质量控制资料					
安全和功能检验结果					
观感质量检验结果					
综合验收结论					

施工单位项目负责人： 年 月 日	勘察单位项目负责人： 年 月 日	设计单位项目负责人： 年 月 日	监理单位总监理工程师： 年 月 日

注：1. 地基与基础分部工程的验收应由施工、勘察、设计单位项目负责人和监理单位总监理工程师参加并签字；
2. 主体结构、节能分部工程的验收应由施工、设计单位项目负责人和监理单位总监理工程师参加并签字。

表 2-46 **结构（地基与基础、主体）工程验收报告**

监督号：

建设单位及工程名称					
施 工 单 位 名 称					
结构类型		层数		建筑面积/m² 或规模	
施工起止日期			验收日期		
验收方案					
验收内容					

施工单位验收意见： 技术负责人： （公章） 年 月 日	监理单位验收意见： 项目总监理工程师： （公章） 年 月 日
设计单位验收意见： 技术负责人： （公章） 年 月 日	建设单位验收结果： 项目负责人： 项目法人： （公章） 年 月 日
勘察单位验收意见： 技术负责人： （公章） 年 月 日	报告日期： 年 月 日 接收日期： 年 月 日 接 收 人： 年 月 日

单元 3
主体结构分部工程资料实训

知识目标

了解主体结构分部工程资料的组成，熟悉各个分项工程和检验批表格的填写方法，能完成撰写、收集、整理施工图的主体结构分部工程质量控制管理资料工作。

能力目标

会填写工程定位测量放线及复核记录、模板安装分项工程检验批验收记录表、混凝土原材料、拌合物和混凝土施工检验批质量验收记录表、钢筋原材料、加工、连接和安装检验批验收记录表、钢筋隐蔽工程质量验收表、主体结构分项、分部工程质量验收表等。

3.1 主体结构分部工程中分项工程、检验批的划分

按照《建筑工程施工质量验收统一标准》（GB 50300—2013），对本工程的主体结构分部工程进行分项工程和检验批的划分。主体结构的子分部工程、分项工程、检验批划分见表 3-1。

表 3-1 主体结构的子分部工程、分项工程、检验批划分

分部工程	子分部工程	分项工程
主体结构	混凝土结构	模板，钢筋，混凝土，预应力，现浇结构，装配式结构
	砌体结构	砖砌体，混凝土小型空心砌块砌体，石砌体，配筋砖砌体，填充墙砌体
	钢结构	钢结构焊接，紧固件连接，钢零部件加工，钢构件组装及预拼装，单层钢结构安装，多层及高层钢结构安装，钢管结构安装，预应力钢索和膜结构，压型金属板，防腐涂料涂装，防火涂料涂装
	钢管混凝土结构	构件现场拼装，构件安装，钢管焊接，构件连接，钢管内钢筋骨架，混凝土
	型钢混凝土结构	型钢焊接，紧固件连接，型钢与钢筋连接，型钢构件组装及预拼装，型钢安装，模板，混凝土
	铝合金结构	铝合金焊接，紧固件连接，铝合金零部件加工，铝合金构件组装，铝合金构件预拼装，铝合金框架结构安装，铝合金空间网格结构安装，铝合金面板，铝合金幕墙结构安装，防腐处理
	木结构	方木与原木结构、胶合木结构、轻型木结构、木结构的防护

按照《统一标准》的规定，根据工程实例实际情况，对本工程主体结构部分划分子分部、分项工程和检验批。本工程主体结构分部工程由_____、_____2个子分部工程组成，

共含_____个分项工程，共划分_____个检验批。

1. 混凝土结构子分部工程

混凝土结构子分部工程含_____、_____、_____、_____4个分项工程，共_____个检验批。

（1）模板分项工程

模板分项工程指模板安装分项，按楼层、施工段（1～7轴线、7～14轴线划分两个施工段）依框架柱、现浇梁板划分检验批，该分项工程共有_____个检验批。

（2）钢筋分项工程

钢筋分项工程包括_____、_____、_____、_____检验批，按楼层、施工段（1～7轴线、7～14轴线划分两个施工段）依框架柱、现浇梁板划分检验批，该分项工程共有_____个检验批。

（3）混凝土分项工程

本工程采用预拌混凝土，混凝土分项工程包括_____、_____检验批。按楼层、施工段（1～7轴线、7～14轴线划分两个施工段）依框架柱、现浇梁板划分检验批，该分项工程共有_____个检验批。

（4）现浇结构分项工程

现浇结构分项工程含_____检验批，该分项工程按楼层共划分为_____个检验批。

2. 砌体结构子分部工程

砌体结构子分部工程包括填充墙砌体一个分项工程，按楼层来划分检验批，该分项工程共划分为_____个检验批。

请同学们根据工程实例，将子分部、分项工程和检验批的划分结果填写于表3-2。

表3-2 主体结构子分部工程、分项工程、检验批的划分汇总表

序号	子分部工程名称	分项工程名称	检验批名称	按楼层、施工段划分检验批数量

3.2 主体结构分部、分项工程和检验批质量验收记录填写

3.2.1 检验批、分项工程质量验收记录表

表 3-3 模板安装检验批质量验收记录

02010101 _____

单位(子单位)工程名称			分部(子分部)工程名称	主体结构分部——混凝土结构子分部	分项工程名称	模板分项
施工单位			项目负责人		检验批容量	
分包单位			分包单位项目负责人		检验批部位	
施工依据				验收依据	《混凝土结构工程施工质量验收规范》(GB 50204—2015)	

		验收项目	设计要求及规范规定	最小/实际抽样数量	检查记录	检查结果
主控项目	1	模板和支架材料的外观、规格和尺寸	第4.2.1条	/		
	2	模板及支架的安装质量	第4.2.2条	/		
	3	后浇带处的模板及支架设置	第4.2.3条	/		
	4	支架竖杆和竖向模板安装在土层上的要求	第4.2.4条	/		
一般项目	1	模板安装的质量要求	第4.2.5条	/		
	2	隔离剂的品种和涂刷方法、避免隔离剂沾污、造成污染	第4.2.6条	/		
	3	模板起拱高度	第4.2.7条	/		
	4	多层连续支模的要求	第4.2.8条	/		
	5	预埋件和预留孔洞的安装允许偏差	预埋中心线位置/mm	3	/		
			预埋管、预留孔中心线位置/mm	3	/		
			插筋 中心线位置/mm	5	/		
			插筋 外露长度/mm	+10,0	/		
			预埋螺栓 中心线位置/mm	2	/		
			预埋螺栓 外露长度/mm	+10,0	/		
			预留洞 中心线位置/mm	10	/		
			预留洞 尺寸/mm	+10,0	/		

续表

	验收项目			设计要求及规范规定	最小/实际抽样数量	检查记录	检查结果
一般项目	6	模板安装允许偏差	轴线位置	5	/		
			底模上表面标高/mm	±5	/		
			模板内部尺寸/mm — 基础	±10	/		
			模板内部尺寸/mm — 柱、墙、梁	±5	/		
			楼梯相邻踏步高差	5	/		
			柱、墙垂直度/mm — 层高≤6m	8	/		
			柱、墙垂直度/mm — 层高>6m	10	/		
			相邻模板表面高低差/mm	2	/		
			表面平整度/mm	5	/		
	7	预制构件模板安装的允许偏差及检验方法	长度 — 梁、板	±4	/		
			长度 — 薄腹梁	±8	/		
			长度 — 柱	0,−10	/		
			长度 — 墙板	0,−5	/		
			宽度 — 板、墙板	0,−5	/		
			宽度 — 梁、薄腹梁、桁架	+2,−5	/		
			高(厚)度 — 板	+2,−3	/		
			高(厚)度 — 墙板	0,−5	/		
			高(厚)度 — 梁、薄腹梁、桁架、柱	+2,−5	/		
			侧向弯曲 — 梁、板、柱	$L/1000$ 且≤15	/		
			侧向弯曲 — 墙板、薄腹梁、桁架	$L/1500$ 且≤15	/		
			板的表面平整度	3	/		
			相邻模板表面高差	1	/		
			对角线差 — 板	7	/		
			对角线差 — 墙板	5	/		
			翘曲 — 板、墙板	$L/1500$	/		
			设计起拱 — 薄腹梁、桁架、梁	±3	/		
施工单位检查结果						专业工长： 项目专业质量检查员： 　　　　　　　年　月　日	
监理单位验收结论						专业监理工程师： 　　　　　　　年　月　日	

表 3-4 ＿＿＿＿＿＿分项工程质量验收记录

编号：＿＿＿＿＿

单位(子单位)工程名称			分部(子分部)工程名称			
分项工程数量			检验批数量			
施工单位			项目负责人		项目技术负责人	
分包单位			分包单位项目负责人		分包内容	

序号	检验批部位	检验批容量	部位/区段	施工单位检查结果	监理单位验收结论
1					
2					
3					
4					
5					
6					
7					
8					
9					
10					
11					
12					
13					
14					
15					

说明：

施工单位检查结果	项目专业技术负责人： 年 月 日
监理单位验收结论	专业监理工程师： 年 月 日

表 3-5 _____ **报验申请表**

工程名称: 编号:

致: 　　我单位已完成_____工作,现报上该工程报验申请表,请予以审查和验收。 　　附件: 承包单位(章)_____ 项目经理_____ 日期_____
审查意见: 项目监理机构_____ 总/专业监理工程师_____ 日期_____

表 3-6 钢筋原材料检验批质量验收记录

02010201 _____

单位(子单位)工程名称			分部(子分部)工程名称		主体结构/现浇混凝土结构	分项工程名称		钢筋原材料
施工单位			项目负责人			检验批容量		
分包单位			分包单位项目负责人			检验批部位		
施工依据					验收依据	《混凝土结构工程施工质量验收规范》(GB 50204—2015)		
		验收项目	设计要求及规范规定	样本总数	最小/实际抽样数量	检查记录		检查结果
主控项目	1	钢筋力学性能和重量偏差检验	第5.2.1条		/			
	2	成型钢筋力学性能和重量偏差检验	第5.2.2条		/			
	3	抗震用钢筋强度实测值	第5.2.3条		/			
一般项目	1	钢筋外观质量	第5.2.4条		/			
	2	成型钢筋外观质量和尺寸偏差	第5.2.5条		/			
	3	钢筋机械连接套筒、锚固板及预埋件外观质量	第5.2.6条		/			
施工单位检查结果		专业工长： 项目专业质量检查员： 年 月 日						
监理单位验收结论		专业监理工程师： 年 月 日						

表 3-7 钢筋加工检验批质量验收记录

02010202 _____

单位(子单位)工程名称			分部(子分部)工程名称		主体结构/现浇混凝土结构	分项工程名称	钢筋加工
施工单位			项目负责人			检验批容量	
分包单位			分包单位项目负责人			检验批部位	
施工依据				验收依据		《混凝土结构工程施工质量验收规范》(GB 50204—2015)	

		验收项目	设计要求及规范规定	样本总数	最小/实际抽样数量	检查记录	检查结果
主控项目	1	钢筋弯折的弯弧内直径	第5.3.1条		/		
	2	纵向受力钢筋弯折要求	第5.3.2条		/		
	3	箍筋、拉筋的末端弯钩要求	第5.3.3条		/		
	4	盘卷钢筋调直应进行力学性能和重量偏差检验	第5.3.4条		/		
一般项目	1	钢筋加工的允许偏差/mm	受力钢筋沿长度方向的净尺寸	±10		/	
			弯起钢筋的弯折位置	±20		/	
			箍筋外廓尺寸	±5		/	

施工单位检查结果	专业工长: 项目专业质量检查员: 　　　　　　　　　　　　　年　月　日
监理单位验收结论	专业监理工程师: 　　　　　　　　　　　　　年　月　日

表 3-8 钢筋连接检验批质量验收记录

02010203 _____

单位(子单位)工程名称		分部(子分部)工程名称	主体结构/现浇混凝土结构	分项工程名称	钢筋连接
施工单位		项目负责人		检验批容量	
分包单位		分包单位项目负责人		检验批部位	
施工依据			验收依据	《混凝土结构工程施工质量验收规范》(GB 50204—2015)	

		验收项目	设计要求及规范规定	样本总数	最小/实际抽样数量	检查记录	检查结果
主控项目	1	钢筋的连接方式	第5.4.1条		/		
	2	机械连接或焊接连接接头的力学性能、弯曲性能	第5.4.2条		/		
	3	螺纹接头拧紧扭矩值,挤压接头压痕直径	第5.4.3条		/		
一般项目	1	钢筋接头的位置	第5.4.4条		/		
	2	机械连接接头、焊接接头的外观质量	第5.4.5条		/		
	3	机械连接接头、焊接接头的接头面积百分率	第5.4.6条		/		
	4	绑扎搭接接头的设置	第5.4.7条		/		
	5	搭接长度范围内的箍筋	第5.4.8条		/		

施工单位检查结果	专业工长: 项目专业质量检查员: 年 月 日
监理单位验收结论	专业监理工程师: 年 月 日

表 3-9 钢筋安装检验批质量验收记录

02010204 _____

单位(子单位)工程名称			分部(子分部)工程名称		主体结构/现浇混凝土结构	分项工程名称		钢筋连接
施工单位			项目负责人			检验批容量		
分包单位			分包单位项目负责人			检验批部位		
施工依据				验收依据		《混凝土结构工程施工质量验收规范》(GB 50204—2015)		
		验收项目		设计要求及规范规定	样本总数	最小/实际抽样数量	检查记录	检查结果
主控项目	1	受力钢筋的牌号、规格和数量		第 5.5.1 条		/		
	2	受力钢筋安装位置、锚固方式		第 5.5.2 条		/		
一般项目	1	钢筋安装允许偏差/mm	绑扎钢筋网	长、宽	±10	/		
				网眼尺寸	±20	/		
			绑扎钢筋骨架	长	±10	/		
				宽、高	±5	/		
			纵向受力钢筋	锚固长度	−20	/		
				间距	±10	/		
				排距	±5	/		
			纵向受力钢筋、箍筋的混凝土保护层厚度	基础	±10	/		
				柱、梁	±5	/		
				板、墙、壳	±3	/		
			绑扎箍筋、横向钢筋间距		±20	/		
			钢筋弯起点位置		20	/		
			预埋件	中心线位置	5	/		
				水平高差	+3,0	/		
施工单位检查结果			专业工长: 项目专业质量检查员: 年 月 日					
监理单位验收结论			专业监理工程师: 年 月 日					

表 3-10 隐蔽工程验收记录

验收日期： 年 月 日
第 页

工程名称				依据图纸	
隐蔽工程验收内容	检验批名称	部位（轴线、标高、桩号）/mm	截面尺寸/mm	规格	主筋连接方式	简图说明（如无变更可标竣工图号）
验收意见	自检意见					
监理（建设）单位验收人	施工单位专职质量检查员（公章）			单位工程项目技术负责人（公章）	

表 3-11 ＿＿＿＿＿＿分项工程质量验收记录

编号：＿＿＿＿＿＿

单位(子单位)工程名称			分部(子分部)工程名称			
分项工程数量			检验批数量			
施工单位			项目负责人		项目技术负责人	
分包单位			分包单位项目负责人		分包内容	

序号	检验批名称	检验批容量	部位/区段	施工单位检查结果	监理单位验收结论
1					
2					
3					
4					
5					
6					
7					
8					
9					
10					
11					
12					
13					
14					
15					

说明：

施工单位检查结果	项目专业技术负责人： 　　年　月　日
监理单位验收结论	专业监理工程师： 　　年　月　日

表 3-12 混凝土原材料检验批质量验收记录

02010301 _____

单位(子单位)工程名称		分部(子分部)工程名称	主体结构/现浇混凝土结构	分项工程名称	混凝土原材料
施工单位		项目负责人		检验批容量	
分包单位		分包单位项目负责人		检验批部位	
施工依据				验收依据	《混凝土结构工程施工质量验收规范》(GB 50204—2015)

		验收项目	设计要求及规范规定	样本总数	最小/实际抽样数量	检查记录	检查结果
主控项目	1	水泥进场检验	第 7.2.1 条		/		
	2	混凝土外加剂进场检验	第 7.2.2 条		/		
一般项目	1	矿物掺合料进场检验	第 7.2.3 条		/		
	2	粗细骨料的质量	第 7.2.4 条		/		
	3	混凝土拌制及养护用水	第 7.2.5 条		/		

施工单位检查结果	专业工长： 项目专业质量检查员：
监理单位验收结论	专业监理工程师：

表 3-13 混凝土拌合物检验批质量验收记录

02010302 _____

单位(子单位)工程名称		分部(子分部)工程名称	主体结构分部——混凝土结构子分部	分项工程名称	混凝土分项
施工单位		项目负责人		检验批容量	
分包单位		分包单位项目负责人		检验批部位	
施工依据			验收依据	《混凝土结构工程施工质量验收规范》(GB 50204—2015)	

		验收项目	设计要求及规范规定	最小/实际抽样数量	检查记录	检查结果
主控项目	1	预拌混凝土质量	第7.3.1条	/		
	2	混凝土拌合物不应离析	第7.3.2条	/		
	3	混凝土中氯离子含量和碱总量	第7.3.3条	/		
	4	首次使用的混凝土配合比应进行开盘鉴定	第7.3.4条	/		
一般项目	1	混凝土拌合物稠度	第7.3.5条	/		
	2	混凝土有耐久性指标要求时,应进行耐久性检验	第7.3.6条	/		
	3	混凝土有抗冻要求时,应进行含气量检验	第7.3.7条	/		

施工单位检查结果	专业工长: 项目专业质量检查员: 年 月 日
监理单位验收结论	专业监理工程师: 年 月 日

表 3-14 混凝土施工检验批质量验收记录

02010303 _____

单位(子单位) 工程名称			分部(子分部) 工程名称		主体结构/现浇 混凝土结构	分项工程名称	混凝土施工
施工单位			项目负责人			检验批容量	
分包单位			分包单位 项目负责人			检验批部位	
施工依据					验收依据	《混凝土结构工程施工质量验收规范》 (GB 50204—2015)	
		验收项目	设计要求及 规范规定	样本 总数	最小/实际 抽样数量	检查记录	检查结果
主控 项目		混凝土强度等级及 试件的取样和留置	第7.4.1条		/		
一般 项目	1	后浇带的留设位置， 后浇带和施工缝的 留设及处理方法	第7.4.2条		/		
	2	养护措施	第7.4.3条		/		
施工单位 检查结果							

专业工长：
项目专业质量检查员：

监理单位 验收结论	

专业监理工程师：

表 3-15 　　　　　　　分项工程质量验收记录

编号：　　　　　

单位(子单位)工程名称			分部(子分部)工程名称			
分项工程数量			检验批数量			
施工单位			项目负责人		项目技术负责人	
分包单位			分包单位项目负责人		分包内容	

序号	检验批名称	检验批容量	部位/区段	施工单位检查结果	监理单位验收结论
1					
2					
3					
4					
5					
6					
7					
8					
9					
10					
11					
12					
13					
14					
15					

说明：

施工单位检查结果	项目专业技术负责人： 　　　年　月　日
监理单位验收结论	专业监理工程师： 　　　年　月　日

表 3-16 现浇结构外观质量检验批质量验收记录

02010501 _____

单位(子单位) 工程名称		分部(子分部) 工程名称		主体结构/现浇 混凝土结构	分项工程名称	现浇结构外观质量
施工单位		项目负责人			检验批容量	
分包单位		分包单位 项目负责人			检验批部位	
施工依据				验收依据	《混凝土结构工程施工质量验收规范》 (GB 50204—2015)	

		验收项目	设计要求及 规范规定	样本 总数	最小/实际 抽样数量	检查记录	检查结果
主控项目	1	外观质量	第8.2.1条		/		
					/		
					/		
					/		
					/		
一般项目	1	外观质量一般缺陷	第8.2.2条				
					/		
					/		
					/		
					/		
					/		
					/		

施工单位 检查结果	专业工长： 项目专业质量检查员：
监理单位 验收结论	专业监理工程师：

表 3-17 _____**分项工程质量验收记录**

编号：_____

单位(子单位)工程名称		分部(子分部)工程名称		
分项工程数量		检验批数量		
施工单位		项目负责人		项目技术负责人
分包单位		分包单位项目负责人		分包内容

序号	检验批名称	检验批容量	部位/区段	施工单位检查结果	监理单位验收结论
1					
2					
3					
4					
5					
6					
7					
8					
9					
10					
11					
12					
13					
14					
15					

说明：

施工单位检查结果	项目专业技术负责人： 年 月 日
监理单位验收结论	专业监理工程师： 年 月 日

表 3-18 填充墙砌体检验批质量验收记录

02020501 _____

单位(子单位)工程名称		分部(子分部)工程名称		主体结构分部——砌体结构子分部	分项工程名称	填充墙砌体分项	
施工单位		项目负责人			检验批容量		
分包单位		分包单位项目负责人			检验批部位		
施工依据			验收依据		《砌体结构工程施工质量验收规范》(GB 50203—2011)		

		验收项目		设计要求及规范规定	最小/实际抽样数量	检查记录	检查结果
主控项目	1	块材强度等级		设计要求 MU___	/		
	2	砂浆强度等级		设计要求 M___	/		
	3	与主体结构连接		第 9.2.2 条	/		
	4	植筋实体检测		第 9.2.3 条	/		
一般项目	1	组砌方法		≤10mm	/		
	2	墙面垂直度(每层)	≤3m	≤5mm	/		
			>3m	≤10mm	/		
	3	表面平整度		≤8mm	/		
	4	门窗洞口高、宽(后塞口)		±10m 以内	/		
	5	外墙上、下窗口偏移		≤20mm	/		
	6	空心砖砌体砂浆饱满度	水平	≥80%	/		
			垂直	第 9.3.2 条	/		
	7	蒸压加气混凝土砌块、轻骨料混凝土小型空心砌块砌体砂浆饱满度	水平	≥80%	/		
			垂直	≥80%	/		
	8	拉结筋、网片位置		第 9.3.3 条	/		
	9	拉结筋、网片埋置长度		第 9.3.3 条	/		
	10	搭砌长度		第 9.3.4 条	/		
	11	水平灰缝厚度		第 9.3.5 条	/		
	12	竖向灰缝宽度		第 9.3.5 条	/		

施工单位检查结果	专业工长： 项目专业质量检查员： 年　月　日
监理单位验收结论	专业监理工程师： 年　月　日

表 3-19 _____分项工程质量验收记录

工程名称		结构类型		检验批数	
施工单位		项目经理		项目技术负责人	
分包单位		分包单位负责人		分包项目经理	

序号	检验批部位、区段	施工单位评定结果	监理（建设）单位验收结论
1			
2			
3			
4			
5			
6			
7			
8			
9			
10			

说明：

检查结论	项目专业技术负责人： 　　　　　　　　　　　年 月 日	验收结论	监理工程师： （建设单位项目专业技术负责人） 　　　　　　　　　　　年 月 日

3.2.2 主体结构分部质量验收记录填写

表 3-20 分部/分项工程质量报验认可单

工程名称：　　　　　　　　　　　　　　　　　　　　　　　　　　　　　编号：

致：　　　　　　　　　（监理公司）

　　　　＿＿＿＿＿＿＿＿＿＿＿＿＿＿＿＿＿（分项/分部工程）已完成施工，按有关规范、验评标准进行了自检，质量等级为合格□ / 优良　□，请查验。

附件： 1.□ 质量保证资料汇总表　　　　　　　　＿＿＿＿页
　　　 2.□ 预检工程检查记录单　　　　　　　　＿＿＿＿页
　　　 3.□ 隐蔽工程检查记录　　　　　　　　　＿＿＿＿页
　　　 4.□ 分项工程质量检验评定表　　　　　　＿＿＿＿页
　　　 5.□ 分项工程质量评定表　　　　　　　　＿＿＿＿页
　　　 6.□ 其它　　　　　　　　　　　　　　　＿＿＿＿页

专职质量检察员：＿＿＿＿＿＿＿

承包单位：＿＿＿＿＿＿＿

项目经理：＿＿＿＿＿＿＿

日　　期：＿＿＿＿＿＿＿

审查意见：

经检查质量等级：　□ 合格　　　　□优良
　　　　　　　　　□ 不合格　　　□不符合要求

项目监理机构：＿＿＿＿＿＿＿

总/专业监理工程师：＿＿＿＿＿＿＿

日　　期：＿＿＿＿＿＿＿

表 3-21　　　　　　分部工程质量验收记录

编号：_____

单位(子单位)工程名称		子分部工程数量		分项工程数量	
施工单位		项目负责人		技术(质量)负责人	
分包单位		分包单位负责人		分包内容	

序号	子分部工程名称	分项工程名称	检验批数量	施工单位检查结果	监理单位验收结论
1					
2					
3					
4					
5					
6					
7					
8					
质量控制资料					
安全和功能检验结果					
观感质量检验结果					

综合验收结论	

施工单位 项目负责人： 年　月　日	勘察单位 项目负责人： 年　月　日	设计单位 项目负责人： 年　月　日	监理单位 总监理工程师： 年　月　日

注：1. 地基与基础分部工程的验收应由施工、勘察、设计单位项目负责人和监理单位总监理工程师参加并签字；
　　2. 主体结构、节能分部工程的验收应由施工、设计单位项目负责人和监理单位总监理工程师参加并签字。

表 3-22 **结构（地基与基础、主体）工程验收报告**

监督号：

建设单位及工程名称				
施工单位名称				
结构类型		层数	建筑面积(m²)或规模	
施工起止日期			验收日期	
验收方案				
验收内容				

施工单位验收意见： 技术负责人： （公章） 年 月 日	监理单位验收意见： 项目总监理工程师： （公章） 年 月 日
设计单位验收意见： 技术负责人： （公章） 年 月 日	建设单位验收结果： 项目负责人： 项目法人： （公章） 年 月 日
勘察单位验收意见： 技术负责人： （公章） 年 月 日	报告日期： 年 月 日 接收日期： 年 月 日 接收人： 年 月 日

单元 4
建筑装饰装修分部工程资料实训

> **知识目标**
>
> 了解建筑装饰装修结构分部工程资料的组成，熟悉各个分项工程和检验批表格的填写方法，能完成撰写、收集、整理施工图的装饰装修分部工程质量控制管理资料工作。
>
> **能力目标**
>
> 会填写找平层检验批验收记录表、砖面层、水泥砂浆面层、大理石和花岗岩面层检验批验收记录表、一般抹灰工程检验批质量验收记录表、门窗工程检验批质量验收记录表、吊顶工程检验批验收记录表、饰面砖粘贴工程检验批质量验收记录表、幕墙检验批质量验收记录表、涂饰工程检验批质量验收记录表及细部做法检验批质量验收记录表、装饰装修分部工程、分项工程质量验收表等。

4.1 建筑装饰装修分部工程中分项工程、检验批的划分

结合《建筑工程施工质量验收统一标准》（GB 50300—2013）相关规定，按照《建筑装饰装修工程质量验收标准》（GB 50210—2018）对本工程建筑装饰装修分部工程进行分项工程和检验批的划分，见表 4-1。

表 4-1 建筑装饰装修分部工程进行分项工程和检验批的划分

分部工程	子分部工程	分项工程
建筑装饰装修	建筑地面	基层铺设、整体面层铺设、板块面层铺设、木竹面层铺设
	抹灰	一般抹灰、保温层薄抹灰、装饰抹灰、清水砌体勾缝
	外墙防水	外墙砂浆防水、涂膜防水、透气膜防水
	门窗	木门窗安装、金属门窗安装、塑料门窗安装、特种门安装、门窗玻璃安装
	吊顶	整体面层吊顶、板块面层吊顶、格栅吊顶
	轻质隔墙	板材隔墙、骨架隔墙、活动隔墙、玻璃隔墙
	饰面板	石板安装、陶瓷板安装、木板安装、金属板安装、塑料板安装
	饰面砖	外墙饰面砖粘贴、内墙饰面砖粘贴
	幕墙	玻璃幕墙安装、金属幕墙安装、石材幕墙安装、陶板幕墙安装
	涂饰	水性涂料涂饰、溶剂型涂料涂饰、美术涂饰
	裱糊与软包	裱糊、软包
	细部	橱柜制作与安装、窗帘盒和窗台板制作与安装、门窗套制作与安装、护栏和扶手制作与安装、花饰制作与安装

按照《统一标准》的规定，根据工程实例实际情况，对本工程装饰装修分部工程划分子分部工程、分项工程和检验批。本工程装饰装修分部工程由_____、_____、_____、_____、_____、_____、_____7个子分部工程组成，含_____个分项工程，共划分为_____个检验批。

1. 建筑地面子分部工程

建筑地面子分部工程含_____、_____2个分项工程，共_____个检验批。

（1）基层铺设分项工程

基层铺设分项工程含_____、_____、_____、_____检验批。因水泥混凝土垫层仅在一层有铺设，基层铺设分项工程按照楼层划分为_____个检验批。

（2）板块面层分项工程

板块面层分项工程含_____检验批。因卫生间面层和其他房间面层材质不同，板块面层分项工程按照楼层划分为_____个检验批。

2. 抹灰子分部工程

抹灰子分部工程含_____检验批，共划分为_____个检验批。

若给定外墙抹灰面积约1800 m^2，则室外外墙抹灰可划分为_____个检验批。室内抹灰根据施工工艺和做法不同，对室内一般房间（除卫生间）抹灰、卫生间抹灰、一般房间顶棚抹灰、卫生间顶棚抹灰分别按照自然间数量划分检验批，室内一般房间（除卫生间）抹灰可划分为_____个检验批，卫生间抹灰可划分为_____个检验批，顶棚抹灰可划分为_____个检验批，卫生间顶棚抹灰可划分为_____个检验批。

3. 门窗子分部工程

门窗子分部工程含_____、_____、_____、_____4个分项工程。按照樘数进行划分，共划分为_____个检验批。

4. 饰面板子分部工程

饰面砖子分部工程含_____1个分项工程，其面积不足1000 m^2，可划分_____个检验批。

5. 饰面砖子分部工程

饰面砖子分部工程含_____、_____2个分项工程，共_____个检验批。

若给定外墙面积约1800 m^2，则室外外墙饰面砖粘贴可划分为_____个检验批，室内内墙饰面砖粘贴按房间数划分为_____个检验批。

6. 涂饰子分部工程

涂饰子分部工程含_____1个分项工程，共_____个检验批。

若给定外墙面积约1800 m^2，则室外涂饰可划分为_____个检验批，室内涂饰（含内墙及顶棚）按房间数划分为_____个检验批。

7. 细部子分部工程

细部子分部工程含_____、_____、_____3个分项工程，共_____个检验批。

窗帘盒和窗台板制作安装、门窗套制作安装分项工程按自然间数量各划分为　　个检验批，护栏和扶手制作安装分项工程按楼梯部数划分为＿＿个检验批。

根据工程实例，将建筑装饰装修分部工程子分部、分项工程和检验批的划分结果填写于表 4-2。

表 4-2　建筑装饰装修分部工程、子分部、分项工程和检验批的划分汇总表

序号	子分部工程名称	分项工程名称	检验批名称	检验批数量

4.2 建筑装饰装修分部工程技术资料

4.2.1 检验批、分项工程质量验收记录表

表 4-3 找平层检验批质量验收记录

03010108 _____

单位(子单位)工程名称			分部(子分部)工程名称		建筑装饰装修分部——建筑地面子分部	分项工程名称	基层铺设分项
施工单位			项目负责人			检验批容量	
分包单位			分包单位项目负责人			检验批部位	
施工依据				验收依据		《建筑地面工程施工质量验收规范》(GB 50209—2016)	
		验收项目	设计要求及规范规定	最小/实际抽样数量	检查记录		检查结果
主控项目	1	材料质量	第4.9.6条	/			
	2	配合比或强度等级	第4.9.7条	/			
	3	有防水要求套管地漏	第4.9.8条	/			
	4	有防静电要求的整体面层的找平层	第4.9.9条	/			
一般项目	1	找平层与下层结合	第4.9.10条	/			
	2	找平层表面质量	第4.9.11条	/			
	3	用胶黏剂做结合层,铺拼花木板、塑料板、复合板、竹地板面层	表面平整度	2mm	/		
			标高	±4mm	/		
		有沥青玛蹄脂做结合层,铺拼花木板,板块面层及毛地板铺木地板	表面平整度	3mm	/		
			标高	±5mm	/		
		金属板面层	表面平整度	3mm	/		
			标高	±4mm	/		
		用水泥砂浆做结合层,铺板块面层,其他种类面层	表面平整度	5mm	/		
			标高	±8mm	/		
	4	坡度	≤2/1000L,且≤30mm	/			
	5	厚度	≤1/10H,且≤20mm	/			
施工单位检查结果				专业工长: 项目专业质量检查员: 年 月 日			
监理单位验收结论				专业监理工程师: 年 月 日			

注:L 为房间相应尺寸,H 为垫层设计厚度。

表 4-4 _____分项工程质量验收记录

编号：_____

单位(子单位) 工程名称		分部(子分部) 工程名称			
分项工程数量		检验批数量			
施工单位		项目 负责人		项目技术 负责人	
分包单位		分包单位 项目负责人		分包内容	

序号	检验批名称	检验批容量	部位/区段	施工单位检查结果	监理单位验收结论
1					
2					
3					
4					
5					
6					
7					
8					
9					
10					
11					
12					
13					
14					
15					

说明：	
施工单位 检查结果	项目专业技术负责人： 年 月 日
监理单位 验收结论	专业监理工程师： 年 月 日

表 4-5 砖面层检验批质量验收记录

03010301 _____

单位(子单位)工程名称			分部(子分部)工程名称		建筑装饰装修分部——建筑地面子分部	分项工程名称		板块面层铺设分项	
施工单位			项目负责人			检验批容量			
分包单位			分包单位项目负责人			检验批部位			
施工依据				验收依据		《建筑地面工程施工质量验收规范》(GB 50209—2010)			
\		验收项目		设计要求及规范规定	最小/实际抽样数量	检查记录			检查结果
主控项目	1	材料质量		第 6.2.5 条	/				
	2	板块产品应有放射性限量合格的检测报告		第 6.2.6 条	/				
	3	面层与下一次层结合		第 6.2.7 条	/				
一般项目	1	面层表面质量		第 6.2.8 条	/				
	2	邻接处镶边用料		第 6.2.9 条	/				
	3	踢脚线质量		第 6.2.10 条	/				
	4	楼梯、台阶踏步	踏步尺寸及面层质量	第 6.2.11 条	/				
			楼层梯段相邻踏步高度差	10mm	/				
			每踏步两端宽度差	10mm	/				
			旋转楼梯踏步两端宽度	5mm	/				
	5	面层表面坡度		第 6.2.12 条	/				
	6	表面允许偏差	缸砖	4.0mm	/				
			水泥花砖	3.0mm	/				
			陶瓷锦砖、陶瓷地砖	2.0mm	/				
		缝格平直		3.0mm	/				
		接缝高低差	陶瓷锦砖、陶瓷地砖、水泥花砖	0.5mm	/				
			缸砖	1.5mm	/				
		踢脚线上口平直	陶瓷锦砖、陶瓷地砖	3.0mm	/				
			缸砖	4.0mm	/				
		板块间隙宽度		2.0mm	/				
施工单位检查结果						专业工长： 项目专业质量检查员： 年 月 日			
监理单位验收结论						专业监理工程师： 年 月 日			

表 4-6 ＿＿＿＿＿＿分项工程质量验收记录

编号：＿＿＿＿＿

单位(子单位) 工程名称			分部(子分部) 工程名称			
分项工程数量			检验批数量			
施工单位			项目 负责人		项目技术 负责人	
分包单位			分包单位 项目负责人		分包内容	

序号	检验批名称	检验批容量	部位/区段	施工单位检查结果	监理单位验收结论
1					
2					
3					
4					
5					
6					
7					
8					
9					
10					
11					
12					
13					
14					
15					

说明：	
施工单位 检查结果	项目专业技术负责人： 年　月　日
监理单位 验收结论	专业监理工程师： 年　月　日

表 4-7 水泥砂浆面层检验批质量验收记录

03010202 _____

单位(子单位)工程名称			分部(子分部)工程名称	建筑装饰装修分部——建筑地面子分部	分项工程名称	整体面层铺设分项
施工单位			项目负责人		检验批容量	
分包单位			分包单位项目负责人		检验批部位	
施工依据				验收依据	《建筑地面工程施工质量验收规范》(GB 50209—2010)	

		验收项目	设计要求及规范规定	最小/实际抽样数量	检查记录	检查结果
主控项目	1	水泥质量	第5.3.2条	/		
	2	外加剂的技术性能、品种和掺量	第5.3.3条	/		
	3	体积比和强度	第5.3.4条	/		
	4	有排水要求的地面	第5.3.5条	/		
	5	面层与下一层结合	第5.3.6条	/		
一般项目	1	坡度	第5.3.7条	/		
	2	表面质量	第5.3.8条	/		
	3	踢脚线与墙面结合	第5.3.9条	/		
	4	楼梯、台阶踏步 踏步尺寸及面层质量	第5.3.10条	/		
		楼层梯段相邻踏步高度差	10mm	/		
		每踏步两端宽度差	10mm	/		
		旋转楼梯踏步两端宽度	5mm	/		
	5	面层允许偏差 表面平整度	5mm	/		
		踢脚线上口平直	4mm	/		
		缝格平直	3mm	/		

施工单位检查结果	专业工长： 项目专业质量检查员： 年 月 日
监理单位验收结论	专业监理工程师： 年 月 日

表 4-8 _____分项工程质量验收记录

编号：_____

单位(子单位)工程名称			分部(子分部)工程名称		
分项工程数量			检验批数量		
施工单位			项目负责人		项目技术负责人
分包单位			分包单位项目负责人		分包内容

序号	检验批名称	检验批容量	部位/区段	施工单位检查结果	监理单位验收结论
1					
2					
3					
4					
5					
6					
7					
8					
9					
10					
11					
12					
13					
14					
15					

说明：

施工单位检查结果	项目专业技术负责人： 年 月 日
监理单位验收结论	专业监理工程师： 年 月 日

表 4-9 大理石面层和花岗石面层检验批质量验收记录

03010302 _____

单位(子单位)工程名称			分部(子分部)工程名称	建筑装饰装修分部——建筑地面子分部	分项工程名称	板块面层铺设分项
施工单位			项目负责人		检验批容量	
分包单位			分包单位项目负责人		检验批部位	
施工依据				验收依据	《建筑地面工程施工质量验收规范》(GB 50209—2010)	

		验收项目		设计要求及规范规定	最小/实际抽样数量	检查记录	检查结果
主控项目	1	材料质量		第6.3.4条	/		
	2	板块产品应有放射性限量合格的检测报告		第6.3.5条	/		
	3	面层与下一次层结合		第6.3.6条	/		
一般项目	1	板块背面侧面防碱处理		第6.3.7条			
	2	面层质量		第6.3.8条			
	3	踢脚线质量		第6.3.9条			
	4	楼梯、台阶踏步	踏步尺寸及面层质量	第6.3.10条			
			楼层梯段相邻踏步高度差	10mm	/		
			每踏步两端宽度差	10mm	/		
			旋转楼梯踏步两端宽度	5mm	/		
	5	面层表面坡度		第6.3.11条	/		
	6	表面允许偏差	大理石面层和花岗石面层	1mm	/		
			碎拼大理石和碎拼花岗石面层	3mm	/		
		缝格平直		2mm	/		
		接缝高低差		0.5mm	/		
		踢脚线上口平直		1mm	/		
		板块间隙宽度		1mm	/		

施工单位检查结果	专业工长： 项目专业质量检查员： 年 月 日
监理单位验收结论	专业监理工程师： 年 月 日

表 4-10 _____分项工程质量验收记录

编号：_____

单位(子单位) 工程名称				分部(子分部) 工程名称			
分项工程数量				检验批数量			
施工单位			项目 负责人			项目技术 负责人	
分包单位			分包单位 项目负责人			分包内容	

序号	检验批名称	检验批容量	部位/区段	施工单位检查结果	监理单位验收结论
1					
2					
3					
4					
5					
6					
7					
8					
9					
10					
11					
12					
13					
14					
15					

说明：	
施工单位 检查结果	项目专业技术负责人： 年 月 日
监理单位 验收结论	专业监理工程师： 年 月 日

表 4-11 一般抹灰检验批质量验收记录

03010101 _____

单位(子单位)工程名称			分部(子分部)工程名称	建筑装饰装修分部——抹灰工程子分部	分项工程名称	一般抹灰分项
施工单位			项目负责人		检验批容量	
分包单位			分包单位项目负责人		检验批部位	
施工依据			《抹灰砂浆技术规程》(JGJ/T 220—2010)	验收依据	《建筑装饰装修工程质量验收标准》(GB 50210—2018)	

		验收项目	设计要求及规范规定	最小/实际抽样数量	检查记录	检查结果
主控项目	1	材料品种和性能	第4.2.1条	/		
	2	基层表面	第4.2.2条	/		
	3	操作要求	第4.2.3条	/		
	4	层粘结及面层质量	第4.2.4条	/		
一般项目	1	表面质量	第4.2.5条	/		
	2	细部质量	第4.2.6条	/		
	3	层与层间材料要求层总厚度	第4.2.7条	/		
	4	分格缝	第4.2.8条	/		
	5	滴水线(槽)	第4.2.9条	/		

		项目	允许偏差/mm		最小/实际抽样数量	检查记录	检查结果
			普通抹灰	高级抹灰			
	6	立面垂直度	4	3			
		表面平整度	4	3			
		阴阳角方正	4	3			
		分格条(缝)直线度	4	3			
		墙裙、勒脚上口直线度	4	3			

施工单位检查结果	专业工长： 项目专业质量检查员： 　　　　　　　　　　　　　年 月 日
监理单位验收结论	专业监理工程师： 　　　　　　　　　　　　　年 月 日

表 4-12 _____分项工程质量验收记录

编号：_____

单位(子单位) 工程名称		分部(子分部) 工程名称			
分项工程数量		检验批数量			
施工单位		项目 负责人		项目技术 负责人	
分包单位		分包单位 项目负责人		分包内容	
序号	检验批名称	检验批 容量	部位/区段	施工单位检查结果	监理单位验收结论
1					
2					
3					
4					
5					
6					
7					
8					
9					
10					
11					
12					
13					
14					
15					
说明：					
施工单位 检查结果	项目专业技术负责人： 年 月 日				
监理单位 验收结论	专业监理工程师： 年 月 日				

表 4-13 木门窗安装检验批质量验收记录

03030101

单位(子单位) 工程名称			分部(子分部) 工程名称		建筑装饰装修分 部——门窗工程子分部	分项工程名称		木门窗 安装分项
施工单位			项目负责人			检验批容量		
分包单位			分包单位 项目负责人			检验批部位		
施工依据				验收依据		《建筑装饰装修工程质量验收标准》 (GB 50210—2018)		

		验收项目		设计要求及 规范规定	最小/实际 抽样数量	检查记录	检查 结果
主控项目	1	材料质量		第 6.2.1 条	/		
	2	木材含水率及饰面质量		第 6.2.2 条	/		
	3	防火、防腐、防虫		第 6.2.3 条	/		
	4	木门窗安装牢固		第 6.2.4 条	/		
	5	木门窗扇安装		第 6.2.5 条	/		
	6	门窗配件安装		第 6.2.6 条	/		
一般项目	1	木门窗表面质量		第 6.2.7 条	/		
	2	木门窗割角、拼缝		第 6.2.8 条	/		
	3	木门窗槽、孔质量		第 6.2.9 条	/		
	4	缝隙嵌填材料		第 6.2.10 条	/		
	5	批水、盖口条等细部		第 6.2.11 条	/		

			项目	留缝限值	允许偏差 /mm	检查记录	检查 结果
一般项目	6	平开木门窗安装留缝限值及允许偏差	门窗框的正、侧面垂直度	—	2	/	
			框与扇接缝高低差	—	1	/	
			扇与扇接缝高低差	—	1	/	
			门窗扇对口缝	1～4	—	/	
			工业厂房、围墙双扇大门对口缝	2～7	—	/	
			门窗扇与上框间留缝	1～3	—	/	
			门窗扇与合页侧框间留缝	1～3	—	/	
			室外门扇与锁侧框间留缝	1～3	—	/	
			门扇与下框间留缝	3～5	—	/	
			窗扇与下框间留缝	1～3	—	/	
			双层门窗内外框间距	—	4	/	
		无下框时门扇与地面间留缝	室外门	4～7	—	/	
			室内门	4～8	—	/	
			卫生间门			/	
			厂房大门	10～20	—	/	
			围墙大门			/	
		框与扇搭接宽度	门	—	2	/	
			窗	—	1	/	

施工单位 检查结果	专业工长: 项目专业质量检查员: 年 月 日
监理单位 验收结论	专业监理工程师: 年 月 日

表 4-14 ＿＿＿＿＿＿分项工程质量验收记录

编号：＿＿＿＿＿＿

单位(子单位)工程名称			分部(子分部)工程名称			
分项工程数量			检验批数量			
施工单位			项目负责人		项目技术负责人	
分包单位			分包单位项目负责人		分包内容	

序号	检验批名称	检验批容量	部位/区段	施工单位检查结果	监理单位验收结论
1					
2					
3					
4					
5					
6					
7					
8					
9					
10					
11					
12					
13					
14					
15					

说明：

施工单位检查结果	项目专业技术负责人： 年 月 日
监理单位验收结论	专业监理工程师： 年 月 日

表 4-15 铝合金门窗安装检验批质量验收记录

03030202_____

单位(子单位)工程名称			分部(子分部)工程名称		建筑装饰装修分部——门窗工程子分部	分项工程名称	金属门窗安装分项
施工单位			项目负责人			检验批容量	
分包单位			分包单位项目负责人			检验批部位	
施工依据				验收依据		《建筑装饰装修工程质量验收标准》(GB 50210—2018)	
		验收项目	设计要求及规范规定		最小/实际抽样数量	检查记录	检查结果
主控项目	1	门窗质量	第6.3.1条		/		
	2	框和附框安装,预埋件	第6.3.2条		/		
	3	门窗扇安装	第6.3.3条		/		
	4	配件质量及安装	第6.3.4条		/		
一般项目	1	表面质量	第6.3.5条		/		
	2	推拉扇开关应力	第6.3.6条		/		
	3	框与墙体间缝隙	第6.3.7条		/		
	4	扇密封胶条或毛毡密封条	第6.3.8条		/		
	5	排水孔	第6.3.9条		/		
	6	安装允许偏差 mm	门窗槽口宽度高度	≤2000mm	2	/	
				>2000mm	3	/	
			门窗槽口对角线长度差	≤2500mm	4	/	
				>2500mm	5	/	
			门窗框的正、侧面垂直度		2	/	
			门窗横框的水平度		2	/	
			门窗横框标高		5	/	
			门窗竖向偏离中心		5	/	
			双层门窗内外框间距		4	/	
			推拉门窗扇与框搭接宽度	门	2	/	
				窗	1	/	
施工单位检查结果						专业工长: 项目专业质量检查员: 年 月 日	
监理单位验收结论						专业监理工程师: 年 月 日	

表 4-16 ＿＿＿＿＿＿分项工程质量验收记录

编号：＿＿＿＿＿＿

单位(子单位)工程名称		分部(子分部)工程名称			
分项工程数量		检验批数量			
施工单位		项目负责人		项目技术负责人	
分包单位		分包单位项目负责人		分包内容	

序号	检验批名称	检验批容量	部位/区段	施工单位检查结果	监理单位验收结论
1					
2					
3					
4					
5					
6					
7					
8					
9					
10					
11					
12					
13					
14					
15					

说明：

施工单位检查结果	项目专业技术负责人： 年　月　日
监理单位验收结论	专业监理工程师： 年　月　日

表 4-17 塑料门窗安装检验批质量验收记录

03030301 _____

单位(子单位)工程名称				分部(子分部)工程名称	建筑装饰装修分部——门窗工程子分部	分项工程名称	塑料门窗安装分项	
施工单位				项目负责人		检验批容量		
分包单位				分包单位项目负责人		检验批部位		
施工依据						验收依据	《建筑装饰装修工程质量验收标准》(GB 50210—2018)	
		验收项目		设计要求及规范规定	最小/实际抽样数量	检查记录		检查结果
主控项目	1	门窗质量		第6.4.1条	/			
	2	框、扇安装		第6.4.2条	/			
	3	拼樘料与框连接		第6.4.3条	/			
	4	框与洞口缝隙填嵌		第6.4.4条	/			
	5	滑撑铰链安装		第6.4.5条	/			
	6	防止扇脱落装置的安装		第6.4.6条	/			
	7	门窗扇安装		第6.4.7条	/			
	8	配件质量及安装		第6.4.8条	/			
一般项目	1	密封条安装质量		第6.4.9条	/			
	2	门窗扇开关力		第6.4.10条	/			
	3	门窗质量		第6.4.11条	/			
	4	旋转窗间隙		第6.4.12条	/			
	5	排水孔		第6.4.13条	/			
	6	安装留缝限值及允许偏差 mm	门、窗框外形(高、宽)尺 ≤1500mm	2	/			
			门、窗框外形(高、宽)尺 >1500mm	3	/			
			门、窗框两对角线长度差 ≤2000mm	3	/			
			门、窗框两对角线长度差 >2000mm	5	/			
			门、窗框(含拼樘料)正、侧面垂直度	3	/			
			门、窗框(含拼樘料)水平度	3	/			
			门窗下横框的标高	5	/			
			门、窗竖向偏离中心	5	/			
			双层门、窗内外框间距	4	/			
			平开门窗及上悬、下悬、中悬窗	门、窗扇与框搭接宽度	2	/		
				同樘门、窗相邻扇的水平高度差	2	/		
				门、窗框扇四周的配合间隙	1	/		
			推拉门窗	门、窗扇与框搭接宽度	2	/		
				门、窗扇与框或相邻扇立边平行度	2	/		
			组合门窗	平整度	3	/		
				缝直线度	3	/		
施工单位检查结果					专业工长: 项目专业质量检查员: 年 月 日			
监理单位验收结论					专业监理工程师: 年 月 日			

表 4-18 _____ 分项工程质量验收记录

编号：_____

单位(子单位)工程名称			分部(子分部)工程名称			
分项工程数量			检验批数量			
施工单位			项目负责人		项目技术负责人	
分包单位			分包单位项目负责人		分包内容	

序号	检验批名称	检验批容量	部位/区段	施工单位检查结果	监理单位验收结论
1					
2					
3					
4					
5					
6					
7					
8					
9					
10					
11					
12					
13					
14					
15					

说明：	
施工单位检查结果	项目专业技术负责人： 年　月　日
监理单位验收结论	专业监理工程师： 年　月　日

表 4-19 门窗玻璃安装检验批质量验收记录

03030501 _____

单位(子单位)工程名称			分部(子分部)工程名称	建筑装饰装修分部——门窗工程子分部	分项工程名称	门窗玻璃安装分项
施工单位			项目负责人		检验批容量	
分包单位			分包单位项目负责人		检验批部位	
施工依据				验收依据	《建筑装饰装修工程质量验收标准》(GB 50210—2018)	
		验收项目	设计要求及规范规定	最小/实际抽样数量	检查记录	检查结果
主控项目	1	玻璃的层数、品种、规格、尺寸及质量	第6.6.1条	/		
	2	玻璃裁割与安装质量	第6.6.2条	/		
	3	安装方法	第6.6.3条	/		
		钉子或钢丝卡	第6.6.3条	/		
	4	木压条	第6.6.4条	/		
	5	密封条	第6.6.5条	/		
	6	带密封条的玻璃压条	第6.6.6条	/		
一般项目	1	玻璃表面	第6.6.7条	/		
	2	腻子及密封胶	第6.6.8条	/		
	3	密封条	第6.6.9条	/		
施工单位检查结果			专业工长： 项目专业质量检查员： 年 月 日			
监理单位验收结论			专业监理工程师： 年 月 日			

表 4-20 _____**分项工程质量验收记录**

编号：_____

单位(子单位) 工程名称			分部(子分部) 工程名称			
分项工程数量			检验批数量			
施工单位			项目 负责人		项目技术 负责人	
分包单位			分包单位 项目负责人		分包内容	
序号	检验批名称	检验批 容量	部位/区段	施工单位检查结果		监理单位验收结论
1						
2						
3						
4						
5						
6						
7						
8						
9						
10						
11						
12						
13						
14						
15						
说明：						
施工单位 检查结果			项目专业技术负责人： 年　月　日			
监理单位 验收结论			专业监理工程师： 年　月　日			

表 4-21 板块面层吊顶检验批质量验收记录

03040201 _____

单位(子单位)工程名称				分部(子分部)工程名称			建筑装饰装修分部——吊顶工程子分部	分项工程名称	板块面层吊顶分项
施工单位				项目负责人				检验批容量	
分包单位				分包单位项目负责人				检验批部位	
施工依据				建筑装饰装修施工方案			验收依据	《建筑装饰装修工程质量验收标准》(GB 50210—2018)	
		验收项目			设计要求及规范规定		最小/实际抽样数量	检查记录	检查结果
主控项目	1	吊顶标高起拱及造型			第7.3.1条		/		
	2	面层材料			第7.3.2条		/		
	3	面板安装			第7.3.3条		/		
	4	吊杆和龙骨的材质、规格、安装及连接方式			第7.3.4条		/		
	5	吊杆、龙骨安装			第7.3.5条		/		
一般项目	1	面层材料表面质量			第7.3.6条		/		
	2	灯具等设备			第7.3.7条		/		
	3	龙骨接缝			第7.3.8条		/		
	4	填充吸声材料			第7.3.9条		/		
	5	板块面层吊顶工程安装允许偏差/mm	项目	允许偏差/mm				最小/实际抽样数量	检查记录	检查结果
				石膏板	金属板	矿棉板	木板、塑料板、玻璃板			
			表面平整度	3	2	3	2	/		
			接缝直线度	3	2	3	3	/		
			接缝高低差	1	1	2	1	/		

施工单位检查结果	专业工长： 项目专业质量检查员： 年 月 日
监理单位验收结论	专业监理工程师： 年 月 日

表 4-22 _____分项工程质量验收记录

编号：_____

单位(子单位) 工程名称				分部(子分部) 工程名称			
分项工程数量				检验批数量			
施工单位				项目 负责人		项目技术 负责人	
分包单位				分包单位 项目负责人		分包内容	
序号	检验批名称		检验批 容量	部位/区段	施工单位检查结果	监理单位验收结论	
1							
2							
3							
4							
5							
6							
7							
8							
9							
10							
11							
12							
13							
14							
15							
说明：							
施工单位 检查结果					项目专业技术负责人： 年　月　日		
监理单位 验收结论					专业监理工程师： 年　月　日		

表4-23 内墙饰面砖粘贴检验批质量验收记录

03070201 _____

单位(子单位) 工程名称			分部(子分部) 工程名称	建筑装饰装修 分部——饰面砖 工程子分部	分项工程名称	内墙饰面 砖粘贴分项
施工单位			项目负责人		检验批容量	
分包单位			分包单位 项目负责人		检验批部位	
施工依据			建筑装饰装修施工方案	验收依据	《建筑装饰装修工程质量验收标准》 (GB 50210—2018)	
验收项目			设计要求及 规范规定	最小/实际 抽样数量	检查记录	检查 结果
主控项目	1	内墙饰面砖的品种、规格、图案、颜色和性能	第10.2.1条	/		
	2	内墙饰面砖粘贴材料	第10.2.2条	/		
	3	内墙饰面砖粘贴	第10.2.3条	/		
	4	满粘法施工的内墙饰面砖	第10.2.4条	/		
一般项目	1	内墙饰面砖表面质量	第10.2.5条	/		
	2	内墙面凸出物周围的饰面砖	第10.2.6条	/		
	3	内墙饰面砖接缝、填嵌、宽度和深度	第10.2.7条	/		
	4	粘贴允许偏差/mm	立面垂直度	2	/	
			表面平整度	3	/	
			阴阳角方正	3	/	
			接缝直线度	2	/	
			接缝高低差	1	/	
			接缝宽度	1	/	
施工单位 检查结果			专业工长： 项目专业质量检查员： 年 月 日			
监理单位 验收结论			专业监理工程师： 年 月 日			

表 4-24　　　　　　　　　　分项工程质量验收记录

编号：＿＿＿＿＿＿

单位(子单位)工程名称			分部(子分部)工程名称			
分项工程数量			检验批数量			
施工单位			项目负责人		项目技术负责人	
分包单位			分包单位项目负责人		分包内容	

序号	检验批名称	检验批容量	部位/区段	施工单位检查结果	监理单位验收结论
1					
2					
3					
4					
5					
6					
7					
8					
9					
10					
11					
12					
13					
14					
15					

说明：

施工单位检查结果	项目专业技术负责人： 年　月　日
监理单位验收结论	专业监理工程师： 年　月　日

表 4-25 玻璃幕墙安装检验批质量验收记录

03080101 _____

单位(子单位)工程名称		分部(子分部)工程名称	建筑装饰装修分部——幕墙子分部	分项工程名称	玻璃幕墙安装分项
施工单位		项目负责人		检验批容量	
分包单位		分包单位项目负责人		检验批部位	
施工依据	《玻璃幕墙工程技术规范》(JGJ 102—2003)		验收依据	《建筑装饰装修工程质量验收标准》(GB 50210—2018)	

		验收项目	设计要求及规范规定	最小/实际抽样数量	检查记录	检查结果
主控项目	1	玻璃幕墙工程所用材料、构件和组件质量	第 11.2.1-1 条	/		
	2	玻璃幕墙的造型和立面分格	第 11.2.1-2 条	/		
	3	玻璃幕墙主体结构上的埋件	第 11.2.1-3 条	/		
	4	玻璃幕墙连接安装质量	第 11.2.1-4 条	/		
	5	隐框或半隐框玻璃幕墙玻璃托条	第 11.2.1-5 条	/		
	6	明框玻璃幕墙的玻璃安装质量	第 11.2.1-6 条	/		
	7	吊挂在主体结构上的全玻璃幕墙吊夹具和玻璃接缝密封	第 11.2.1-7 条	/		
	8	玻璃幕墙节点、各种变形缝、墙角的连接点	第 11.2.1-8 条	/		
	9	玻璃幕墙的防火、保温、防潮材料的设置	第 11.2.1-9 条	/		
	10	玻璃幕墙防水效果	第 11.2.1-10 条	/		
	11	金属框架和连接件的防腐处理	第 11.2.1-11 条	/		
	12	玻璃幕墙开启窗的配件安装质量	第 11.2.1-12 条	/		
	13	玻璃幕墙防雷	第 11.2.1-13 条	/		
一般项目	1	玻璃幕墙表面质量	第 11.2.2-1 条	/		
	2	玻璃和铝合金型材的表面质量	第 11.2.2-2 条	/		
	3	明框玻璃幕墙的外露框或压条	第 11.2.2-3 条	/		
	4	玻璃幕墙拼缝	第 11.2.2-4 条	/		
	5	玻璃幕墙板缝注胶	第 11.2.2-5 条	/		
	6	玻璃幕墙隐蔽节点的遮封	第 11.2.2-6 条	/		
	7	玻璃幕墙安装偏差	第 11.2.2-7 条	/		

施工单位检查结果	专业工长： 项目专业质量检查员： 　　　　　　　　　　　　　　　年 月 日
监理单位验收结论	专业监理工程师： 　　　　　　　　　　　　　　　年 月 日

表 4-26 　　　　　　　　　　分项工程质量验收记录

编号：　　　　

单位(子单位) 工程名称			分部(子分部) 工程名称		
分项工程数量			检验批数量		
施工单位			项目 负责人		项目技术 负责人	
分包单位			分包单位 项目负责人		分包内容	

序号	检验批名称	检验批容量	部位/区段	施工单位检查结果	监理单位验收结论
1					
2					
3					
4					
5					
6					
7					
8					
9					
10					
11					
12					
13					
14					
15					

说明：

施工单位 检查结果	项目专业技术负责人： 年　月　日
监理单位 验收结论	专业监理工程师： 年　月　日

表 4-27 水性涂料涂饰检验批质量验收记录

03100101 _____

单位(子单位)工程名称				分部(子分部)工程名称	建筑装饰装修分部——涂饰子分部	分项工程名称		水性涂料涂饰分项	
施工单位				项目负责人		检验批容量			
分包单位				分包单位项目负责人		检验批部位			
施工依据				《建筑涂饰工程施工及验收规程》(JGJ/T 29—2015)		验收依据		《建筑装饰装修工程质量验收标准》(GB 50210—2018)	
		验收项目		设计要求及规范规定		最小/实际抽样数量	检查记录		检查结果
主控项目	1	涂料品种、型号、性能		第12.2.1条		/			
	2	涂饰颜色和图案		第12.2.2条		/			
	3	涂饰综合质量		第12.2.3条		/			
	4	基层处理		第12.2.4条		/			
一般项目	1	与其它材料和设备衔接处		第12.2.8条		/			
	2	薄涂料涂饰质量允许偏差	颜色	普通涂饰	均匀一致	/			
				高级涂饰	均匀一致	/			
			泛碱、咬色	普通涂饰	允许少量轻微	/			
				高级涂饰	不允许	/			
			流坠、疙瘩	普通涂饰	允许少量轻微	/			
				高级涂饰	不允许	/			
			砂眼、刷纹	普通涂饰	允许少量轻微砂眼、刷纹通顺	/			
				高级涂饰	无砂眼、无刷纹	/			
			光泽、光滑	普通涂饰	光泽基本均匀、光滑无挡手感	/			
				高级涂饰	光泽均匀一致、光滑	/			
	3	厚涂料涂饰质量允许偏差	颜色	普通涂饰	均匀一致	/			
				高级涂饰	均匀一致	/			
			光泽	普通涂饰	基本均匀	/		/
				高级涂饰	均匀一致	/			
			泛碱、咬色	普通涂饰	允许少量轻微	/			
				高级涂饰	不允许	/			
			点状分布	普通涂饰	—	/		/	
				高级涂饰	疏密均匀	/			
	4	复层涂饰质量允许偏差	颜色		均匀一致	/			
			光泽		基本均匀	/			
			泛碱、咬色		不允许	/			
			喷点疏密程度		均匀,不允许连片	/			
施工单位检查结果					专业工长: 项目专业质量检查员: 年 月 日				
监理单位验收结论					专业监理工程师: 年 月 日				

表 4-28 _____分项工程质量验收记录

编号：_____

单位(子单位) 工程名称			分部(子分部) 工程名称			
分项工程数量			检验批数量			
施工单位			项目 负责人		项目技术 负责人	
分包单位			分包单位 项目负责人		分包内容	

序号	检验批名称	检验批容量	部位/区段	施工单位检查结果	监理单位验收结论
1					
2					
3					
4					
5					
6					
7					
8					
9					
10					
11					
12					
13					
14					
15					

说明：

施工单位 检查结果	项目专业技术负责人： 年 月 日
监理单位 验收结论	专业监理工程师： 年 月 日

表 4-29 溶剂型涂料涂饰检验批质量验收记录

03100201

单位(子单位)工程名称			分部(子分部)工程名称		建筑装饰装修分部——涂饰子分部	分项工程名称		溶剂型涂料涂饰分项
施工单位			项目负责人			检验批容量		
分包单位			分包单位项目负责人			检验批部位		
施工依据			《建筑涂饰工程施工及验收规程》(JGJ/T 29—2015)		验收依据	《建筑装饰装修工程质量验收标准》(GB 50210—2018)		
验收项目				设计要求及规范规定	最小/实际抽样数量	检查记录		检查结果
主控项目	1	涂料品种、型号、性能		第12.3.1条	/			
	2	颜色、光泽、图案		第12.3.2条	/			
	3	涂饰综合质量		第12.3.3条	/			
	4	基层处理		第12.3.4条	/			
一般项目	1	与其它材料、设备衔接处界面应清晰		第12.3.5条	/			
	2	色漆涂饰质量及允许偏差	颜色	普通涂饰	均匀一致	/		
				高级涂饰	均匀一致	/		
			光泽、光滑	普通涂饰	光泽基本均匀光滑无挡手感	/		
				高级涂饰	光泽均匀一致光滑	/		
			刷纹	普通涂饰	刷纹通顺	/		
				高级涂饰	无刷纹	/		
			裹棱、流坠、皱皮	普通涂饰	明显处不允许	/		
				高级涂饰	不允许	/		
	3	清漆涂饰质量	颜色	普通涂饰	基本一致	/		
				高级涂饰	均匀一致	/		
			木纹	普通涂饰	棕眼刮平、木纹清楚	/		
				高级涂饰	棕眼刮平、木纹清楚	/		
			光泽、光滑	普通涂饰	光泽基本均匀光滑无挡手感	/		
				高级涂饰	光泽均匀一致光滑	/		
			刷纹	普通涂饰	无刷纹	/		
				高级涂饰	无刷纹	/		
			裹棱、流坠、皱皮	普通涂饰	明显处不允许	/		
				高级涂饰	不允许	/		
施工单位检查结果					专业工长： 项目专业质量检查员： 年 月 日			
监理单位验收结论					专业监理工程师： 年 月 日			

表 4-30 _____分项工程质量验收记录

编号：_____

单位(子单位)工程名称		分部(子分部)工程名称		
分项工程数量		检验批数量		
施工单位		项目负责人		项目技术负责人
分包单位		分包单位项目负责人		分包内容

序号	检验批名称	检验批容量	部位/区段	施工单位检查结果	监理单位验收结论
1					
2					
3					
4					
5					
6					
7					
8					
9					
10					
11					
12					
13					
14					
15					

说明：

施工单位检查结果	项目专业技术负责人： 年 月 日
监理单位验收结论	专业监理工程师： 年 月 日

表 4-31 护栏和扶手制作与安装检验批质量验收记录

03110401 _____

单位(子单位)工程名称			分部(子分部)工程名称	建筑装饰装修分部——细部工程子分部	分项工程名称	护栏和扶手制作与安装分项
施工单位			项目负责人		检验批容量	
分包单位			分包单位项目负责人		检验批部位	
施工依据			建筑装饰装修施工方案		验收依据	《建筑装饰装修工程质量验收标准》(GB 50210—2018)

		验收项目		设计要求及规范规定	最小/实际抽样数量	检查记录	检查结果
主控项目	1	材料的材质、规格、数量和木材、塑料的燃烧性能等级		第14.5.1条	/		
	2	造型、尺寸及安装位置		第14.5.2条	/		
	3	预埋件的数量、规格、位置以及护栏与预埋件的连接节点		第14.5.3条	/		
	4	护栏高度、栏杆间距、安装位置		第14.5.4条	/		
	5	栏板玻璃		第14.5.5条	/		
一般项目	1	转角弧度、接缝及表面质量		第14.5.6条	/		
	2	护栏和扶手安装允许偏差/mm	护栏垂直度	3	/		
			栏杆间距	0,−6	/		
			扶手直线度	4	/		
			扶手高度	+6,0	/		

施工单位检查结果	专业工长: 项目专业质量检查员: 年 月 日
监理单位验收结论	专业监理工程师: 年 月 日

单元 4 建筑装饰装修分部工程资料实训 | 211

表 4-32 _____分项工程质量验收记录

编号：_____

单位(子单位) 工程名称				分部(子分部) 工程名称		
分项工程数量				检验批数量		
施工单位				项目 负责人		项目技术 负责人
分包单位				分包单位 项目负责人		分包内容
序号	检验批名称		检验批 容量	部位/区段	施工单位检查结果	监理单位验收结论
1						
2						
3						
4						
5						
6						
7						
8						
9						
10						
11						
12						
13						
14						
15						
说明：						
施工单位 检查结果		项目专业技术负责人： 年 月 日				
监理单位 验收结论		专业监理工程师： 年 月 日				

4.2.2 建筑装饰装修分部工程质量验收记录填写

表 4-33　　　　　　　　　　　分部工程质量验收记录

编号：_____

单位(子单位)工程名称		子分部工程数量		分项工程数量	
施工单位		项目负责人		技术(质量)负责人	
分包单位		分包单位负责人		分包内容	

序号	子分部工程名称	分项工程名称	检验批数量	施工单位检查结果	监理单位验收结论
1					
2					
3					
4					
5					
6					
7					
8					
	质量控制资料				
	安全和功能检验结果				
	观感质量检验结果				
综合验收结论					

施工单位 项目负责人： 年 月 日	勘察单位 项目负责人： 年 月 日	设计单位 项目负责人： 年 月 日	监理单位 总监理工程师： 年 月 日

注：1. 地基与基础分部工程的验收应由施工、勘察、设计单位项目负责人和总监理工程师参加并签字；
　　2. 主体结构、节能分部工程的验收应由施工、设计单位项目负责人和总监理工程师参加并签字。

4.2.3 建筑装饰装修分部质量验收记录填写

表 4-34 分部/分项工程质量报验认可单

工程名称： 编号：

致： （监理公司）
＿＿＿＿＿＿＿＿＿＿＿＿＿＿＿＿＿＿＿＿(分项/分部工程)已完成施工，按有关规范、验评标准进行了自检,质量等级为合格□ / 优良 □，请查验。 附件： 1.□ 质量保证资料汇总表　　　　　　　　　　＿＿＿＿＿页 　　　　2.□ 预检工程检查记录单　　　　　　　　　　　＿＿＿＿＿页 　　　　3.□ 隐蔽工程检查记录　　　　　　　　　　　　＿＿＿＿＿页 　　　　4.□ 分项工程质量检验评定表　　　　　　　　　＿＿＿＿＿页 　　　　5.□ 分项工程质量评定表　　　　　　　　　　　＿＿＿＿＿页 　　　　6.□ 其它　　　　　　　　　　　　　　　　　　＿＿＿＿＿页 专职质量检察员：＿＿＿＿＿＿＿＿＿＿＿ 承包单位：＿＿＿＿＿＿＿＿＿＿＿ 项目经理：＿＿＿＿＿＿＿＿＿＿＿ 日期：＿＿＿＿＿＿＿＿＿＿＿
审查意见：   经检查质量等级：　　□ 合格　　　　　□优良 　　　　　　　　　　□ 不合格　　　　□不符合要求   项目监理机构：＿＿＿＿＿＿＿＿＿＿＿ 总/专业监理工程师：＿＿＿＿＿＿＿＿＿＿＿ 日期：＿＿＿＿＿＿＿＿＿＿＿

表 4-35 _____分部（子分部）工程质量验收记录表

单位(子单位)工程名称			结构类型及层数	
施工单位		技术部门负责人	质量部门负责人	
分包单位		分包单位负责人	分包技术负责人	

序号	子分部(分项)工程名称	分项工程（检验批）数	施工单位检查评定	验收意见
1				
2	质量控制资料			
3	安全和功能检验(检测)报告			
4	观感质量验收			

验收单位	分包单位	项目经理： 年 月 日
	施工单位	项目经理： 年 月 日
	勘察单位	项目负责人： 年 月 日
	设计单位	项目负责人： 年 月 日
	监理(建设单位)	总监理工程师： (建设单位项目专业负责人) 年 月 日

单元 5

建筑屋面分部工程资料实训

> **知识目标**
>
> 　　了解屋面分部工程资料的组成，熟悉各个分项工程和检验批表格的填写方法，能完成撰写、收集、整理施工图的建筑屋面分部工程质量控制管理资料工作。
>
> **能力目标**
>
> 　　会填写技术交底记录、施工日记、见证取样记录以及技术复核记录，保温层、找平层、卷材防水层、细部构造工程检验批质量验收记录，保温层、找平层、卷材防水层、细部构造分项工程质量验收记录，防水材料合格证、检（试）验报告，隐蔽工程验收记录，屋面分部工程质量验收记录，屋面淋水（蓄水）试验记录，架空层分项工程检验批质量验收记录等。

5.1 建筑屋面分部工程中分项工程、检验批的划分

　　按照《建筑工程施工质量验收统一标准》（GB 50300—2013），对本工程的屋面分部工程进行分项工程和检验批的划分。《统一标准》规定的屋面分部工程的各子分部工程及分项工程见表 5-1。

表 5-1 《统一标准》规定的屋面分部工程的各子分部工程及分项工程

分部工程	子分部工程	分项工程
屋面工程	基层与保护	找坡层和找平层，隔汽层，隔离层，保护层
	保温与隔热	板状材料保温层，纤维材料保温层，喷涂硬泡聚氨酯保温层，现浇泡沫混凝土保温层，种植隔热层，架空隔热层，蓄水隔热层
	防水与密封	卷材防水层，涂膜防水层，复合防水层，接缝密封防水
	瓦面与板面	烧结瓦和混凝土瓦铺装，沥青瓦铺装，金属板铺装，玻璃采光顶铺装
	细部构造	檐口，檐沟和天沟，女儿墙和山墙，水落口，变形缝，伸出屋面管道，屋面出入口，反梁过水孔，设施基座，屋脊，屋顶窗

按照《统一标准》的规定，根据工程实际情况，对本工程屋面部分划分分项工程和检验批。出屋面楼梯间（+25.000m）和其它屋面（+22.000m）为屋面分部工程。本工程屋面划分为_____、_____、_____、_____4个子分部工程，含_____个分项工程，共划分为_____个检验批。

（1）基层与保护子分部工程

本子分部工程含_____、_____、_____3个分项工程。根据屋面标高不同，将基层与保护子分部工程划分为_____个施工段，共划分为_____个检验批。

（2）保温与隔热子分部工程

本子分部工程含_____、_____2个分项工程。根据屋面标高不同，将保温与隔热子分部工程划分为_____个施工段，共划分为_____个检验批。

① 保温层分项工程：划分为_____个检验批。

② 架空隔热层分项工程：预制空心板架空层仅在其他屋面（+20.000m），划分为_____个检验批。

（3）防水与密封子分部工程

本子分部工程含_____、_____2个分项工程，共划分为_____个检验批。

① 复合防水层分项工程：复合防水层仅在其他屋面（+20.000m），划分为_____个检验批。

② 卷材防水层分项工程：卷材防水层仅在出屋面楼梯间（+25.000m），划分为_____个检验批。

（4）细部构造分部工程

本子分部工程含_____、_____、_____、_____4个分项工程，共划分为_____个检验批。

① 其它屋面（+22.000m）屋面工程含_____、_____、_____3个分项工程，共划分为_____个检验批。

② 出屋面楼梯间（+25.000m）工程含_____1个分项工程，共划分为_____个检验批。

根据工程实例，将屋面分部工程的子分部、分项工程和检验批的划分结果填写于表5-2。

表5-2 屋面分部工程的子分部、分项工程和检验批的划分汇总表

序号	子分部工程名称	分项工程名称	检验批名称	按楼层、施工段划分检验批数量

5.2 屋面分部工程资料填写实训

5.2.1 检验批、分项工程质量验收记录表

表 5-3 板状材料保温层检验批质量验收记录

04020101 _____

单位(子单位)工程名称		分部(子分部)工程名称	建筑屋面分部-保温隔热子分部	分项工程名称	板状材料保温层分项	
施工单位		项目负责人		检验批容量		
分包单位		分包单位项目负责人		检验批部位		
施工依据			验收依据	《屋面工程质量验收规范》(GB 50207—2012)		
	验收项目		设计要求及规范规定	最小/实际抽样数量	检查记录	检查结果
主控项目	1	材料质量	设计要求	/		
	2	保温层的厚度	设计要求____mm	/		
	3	屋面热桥部位	设计要求	/		
一般项目	1	保温材料铺设	第 5.2.7 条	/		
	2	固定件设置	第 5.2.8 条	/		
	3	表面平整度	5mm	/		
	4	接缝高低差	2mm	/		
施工单位检查结果			专业工长： 项目专业质量检查员： 年 月 日			
监理单位验收结论			专业监理工程师： 年 月 日			

表 5-4 　　　　　　　　　分项工程质量验收记录

编号：＿＿＿＿

单位(子单位)工程名称		分部(子分部)工程名称		
分项工程数量		检验批数量		
施工单位		项目负责人		项目技术负责人
分包单位		分包单位项目负责人		分包内容

序号	检验批名称	检验批容量	部位/区段	施工单位检查结果	监理单位验收结论
1					
2					
3					
4					
5					
6					
7					
8					
9					
10					
11					
12					
13					
14					
15					

说明：

施工单位检查结果	项目专业技术负责人： 年　月　日
监理单位验收结构	专业监理工程师： 年　月　日

表 5-5 找平层检验批质量验收记录

04010201 _____

单位(子单位)工程名称		分部(子分部)工程名称	建筑屋面分部——基层与保护子分部	分项工程名称	找平层分项
施工单位		项目负责人		检验批容量	
分包单位		分包单位项目负责人		检验批部位	
施工依据			验收依据	《屋面工程质量验收规范》(GB 50207—2012)	

		验收项目	设计要求及规范规定	最小/实际抽样数量	检查记录	检查结果
主控项目	1	材料质量及配合比	设计要求	/		
	2	排水坡度	设计要求____%	/		
一般项目	1	找平层表面	第 4.2.7 条	/		
	2	交接处和转角处	第 4.2.8 条	/		
	3	分格缝的位置和间距	第 4.2.9 条	/		
	4	找平层表面平整度	5mm	/		

施工单位检查结果	专业工长： 项目专业质量检查员： 　　　　　　　　　　　　年　月　日
监理单位验收结论	专业监理工程师： 　　　　　　　　　　　　年　月　日

表 5-6 _____分项工程质量验收记录

编号：_____

单位(子单位) 工程名称			分部(子分部) 工程名称		
分项工程数量			检验批数量		
施工单位			项目 负责人		项目技术 负责人	
分包单位			分包单位 项目负责人		分包内容	

序号	检验批名称	检验批 容量	部位/区段	施工单位检查结果	监理单位验收结论
1					
2					
3					
4					
5					
6					
7					
8					
9					
10					
11					
12					
13					
14					
15					

说明：

施工单位 检查结果	项目专业技术负责人： 年　月　日
监理单位 验收结论	专业监理工程师： 年　月　日

表 5-7 卷材防水层检验批质量验收记录

04030101 _____

单位(子单位)工程名称		分部(子分部)工程名称	建筑屋面分部——防水与密封子分部	分项工程名称	卷材防水层分项
施工单位		项目负责人		检验批容量	
分包单位		分包单位项目负责人		检验批部位	
施工依据			验收依据	《屋面工程质量验收规范》(GB 50207—2012)	

		验收项目	设计要求及规范规定	最小/实际抽样数量	检查记录	检查结果
主控项目	1	防水卷材及配套材料的质量	设计要求	/		
	2	防水层	不得有渗漏或积水现象	/		
	3	卷材防水层的防水构造	设计要求	/		
一般项目	1	搭接缝牢固,密封严密,不得扭曲等	第 6.2.13 条	/		
	2	卷材防水层收头	第 6.2.14 条	/		
	3	卷材搭接宽度	—10mm	/		
	4	屋面排汽构造	第 6.2.16 条	/		

施工单位检查结果	专业工长: 项目专业质量检查员: 年 月 日
监理单位验收结论	专业监理工程师: 年 月 日

表 5-8　　　_____分项工程质量验收记录

编号：_____

单位(子单位)工程名称			分部(子分部)工程名称		
分项工程数量			检验批数量		
施工单位			项目负责人		项目技术负责人
分包单位			分包单位项目负责人		分包内容
序号	检验批名称	检验批容量	部位/区段	施工单位检查结果	监理单位验收结论
1					
2					
3					
4					
5					
6					
7					
8					
9					
10					
11					
12					
13					
14					
15					
说明：					
施工单位检查结果	项目专业技术负责人： 年　月　日				
监理单位验收结论	专业监理工程师： 年　月　日				

表 5-9 涂膜防水层检验批质量验收记录

04030201 _____

单位(子单位)工程名称		分部(子分部)工程名称	建筑屋面分部——防水与密封子分部	分项工程名称	涂膜防水层分项
施工单位		项目负责人		检验批容量	
分包单位		分包单位项目负责人		检验批部位	
施工依据			验收依据	《屋面工程质量验收规范》(GB 50207—2012)	

		验收项目	设计要求及规范规定	最小/实际抽样数量	检查记录	检查结果
主控项目	1	材料质量	设计要求	/		
	2	防水层	不得有渗漏或积水现象	/		
	3	涂膜防水层的防水构造	设计要求	/		
	4	涂膜防水层的厚度	第6.3.7条	/		
一般项目	1	防水层与基层应粘接牢固,表面无缺陷	第6.2.8条	/		
	2	涂膜防水层的收头	第6.3.9条	/		
	3	胎体增强材料铺贴	第6.3.10条	/		
	4	胎体增强材料搭接宽度	—10mm	/		

施工单位检查结果	专业工长: 项目专业质量检查员: 年 月 日
监理单位验收结论	专业监理工程师: 年 月 日

表 5-10 _____分项工程质量验收记录

编号：_____

单位(子单位)工程名称			分部(子分部)工程名称		
分项工程数量			检验批数量		
施工单位			项目负责人		项目技术负责人	
分包单位			分包单位项目负责人		分包内容	

序号	检验批名称	检验批容量	部位/区段	施工单位检查结果	监理单位验收结论
1					
2					
3					
4					
5					
6					
7					
8					
9					
10					
11					
12					
13					
14					
15					

说明：

施工单位检查结果	项目专业技术负责人： 年　月　日
监理单位验收结论	专业监理工程师： 年　月　日

表 5-11 檐沟和天沟检验批质量验收记录

04050201 _____

单位(子单位) 工程名称		分部(子分部) 工程名称	建筑屋面分部—— 细部构造子分部	分项工程名称	檐沟和天沟分项
施工单位		项目负责人		检验批容量	
分包单位		分包单位 项目负责人		检验批部位	
施工依据			验收依据	《屋面工程质量验收规范》 (GB 50207—2012)	

		验收项目	设计要求及 规范规定	最小/实际 抽样数量	检查记录	检查 结果
主控项目	1	檐沟、天沟的防水构造	设计要求	/		
	2	檐沟、天沟的排水坡度应符合设计要求;沟内不得有渗漏和积水现象	第8.3.2条	/		
一般项目	1	檐沟、天沟附加层铺设	设计要求	/		
	2	檐沟防水层,卷材收头,涂膜收头	第8.3.4条	/		
	3	檐沟外侧顶部及侧面应抹聚合物水泥砂浆,其下端应做成鹰嘴或滴水槽	第8.3.5条	/		

施工单位 检查结果	专业工长: 项目专业质量检查员: 年 月 日
监理单位 验收结论	专业监理工程师: 年 月 日

表 5-12 _____分项工程质量验收记录

编号：_____

单位(子单位)工程名称			分部(子分部)工程名称		
分项工程数量			检验批数量		
施工单位			项目负责人		项目技术负责人	
分包单位			分包单位项目负责人		分包内容	

序号	检验批名称	检验批容量	部位/区段	施工单位检查结果	监理单位验收结论
1					
2					
3					
4					
5					
6					
7					
8					
9					
10					
11					
12					
13					
14					
15					

说明：	
施工单位检查结果	项目专业技术负责人： 年　月　日
监理单位验收结论	专业监理工程师： 年　月　日

表 5-13　防水材料检验报告

×××建质（委）字第 F×××号　　　　　　　　　　　　　　　　　　　　共　页第　页

产品名称				报告编号	
工程名称				试验编号	
工程部位				委托日期	
委托单位				送样人	
见证单位				见证人	
生产单位				样品等级	
委托项目					
样品数量				规格、型号	
检验依据				商　标	
样品状态				代表批量	

序号	检验项目	计量单位	质量标准	检验结果	单项判断
1	可溶物含量	g/m²			
2	拉力	N/50mm	纵向：		
			横向：		
3	最大拉力时延伸率	%	纵向：		
			横向：		
4	耐热度(90℃)		无滑动、流淌、滴落		
5	不透水性(0.3MPa,30min)		无渗漏	未出现渗漏	
6	低温柔度(−18℃)		无裂纹	未出现裂纹	

检验结论	×××省(区)×××市建材、构件产品质检站 （检验专用章） 签发日期：200×年××月××日
备注	

批准		审核		主检	

表 5-14 防水材料合格证、检（试）验报告汇总表

共　页第　页

工程名称								
序号	名　称	规格品种	数量	进场时间	出厂合格证检验报告编号	试验报告编号	见证取样
1							
2							
3							
4							
5							
6							
7							
8							
9							
10							
11							
12							
13							
14							
15							
16							
17							
18							
19							
20							
21							
22							
23							
填表人							

表 5-15 隐蔽工程验收记录（屋面保温层）

工程名称			建设单位		
施工单位			监理单位		
验收单位		验收日期		图号	
隐蔽工程检查内容					
施工单位检查结果	项目专业质量检查员： 　　　　　　　　　　　　　　　　　　　年　月　日				
	项目专业技术负责人			专业工长（施工员）	
监理（建设）单位结论	监理工程师： （建设单位项目专业负责人） 　　　　　　　　　　　　　　　　　　　年　月　日				

表 5-16 隐蔽工程验收记录（屋面找平层）

工程名称			建设单位	
施工单位			监理单位	
验收单位		验收日期	图号	
隐蔽工程检查内容				
施工单位检查结果	项目专业质量检查员： 年 月 日			
	项目专业技术负责人		专业工长(施工员)	
监理(建设)单位结论	监理工程师： (建设单位项目专业负责人) 年 月 日			

表 5-17 隐蔽工程验收记录（屋面防水层）

工程名称			建设单位	
施工单位			监理单位	
验收单位		验收日期	图号	
隐蔽工程检查内容				
施工单位检查结果	项目专业质量检查员： 　　　　　　　　　　　　　　　　　　　　　　　　年　月　日			
	项目专业技术负责人		专业工长（施工员）	
监理（建设）单位结论	监理工程师： （建设单位项目专业负责人） 　　　　　　　　　　　　　　　　　　　　　　　　年　月　日			

表 5-18　1~14 轴线 (+22.000m) 屋面分部 (子分部) 工程质量验收记录表

单位(子单位)工程名称			结构类型及层数			
施工单位		技术部门负责人			质量部门负责人	
分包单位		分包单位负责人			分包技术负责人	
序号	子分部(分项)工程名称		分项工程(检验批)数	施工单位检查评定		验收意见
1						
2	质量控制资料					
3	安全和功能检验(检测)报告					
4	观感质量验收					
验收单位	分包单位		项目经理: 年　月　日			
	施工单位		项目经理: 年　月　日			
	勘察单位		项目负责人: 年　月　日			
	设计单位		项目负责人: 年　月　日			
	监理 (建设单位)		总监理工程师: (建设单位项目专业负责人) 年　月　日			

表 5-19 1～2轴线（+25.000m）屋面分部（子分部）工程质量验收记录表

单位(子单位)工程名称			结构类型及层数		
施工单位		技术部门负责人		质量部门负责人	
分包单位		分包单位负责人		分包技术负责人	

序号	子分部(分项)工程名称	分项工程(检验批)数	施工单位检查评定	验收意见
1				
2	质量控制资料			
3	安全和功能检验(检测)报告			
4	观感质量验收			

验收单位	分包单位	项目经理： 年　月　日
	施工单位	项目经理： 年　月　日
	勘察单位	项目负责人： 年　月　日
	设计单位	项目负责人： 年　月　日
	监理 （建设单位）	总监理工程师： （建设单位项目专业负责人） 年　月　日

表 5-20 屋面淋水试验记录

(+25.000m)

工程名称			建设单位	
施工单位			监理单位	
试验单位			检查日期	
屋面面积		试验日期	淋水时间	
淋水记录				
施工单位检查结果	项目专业质量检查员： 年 月 日			
	项目专业技术负责人		专业工长（施工员）	
监理（建设）单位结论	监理工程师： （建设单位项目专业技术负责人） 年 月 日			

表 5-21　屋面蓄水试验记录

(+22.000m)

工程名称			建设单位	
施工单位			监理单位	
试验单位			检查日期	
屋面面积		试验日期	蓄水时间	

蓄水记录	

施工单位检查结果	项目专业质量检查员： 　　　　　　　　　　　　　　　年　月　日
	项目专业技术负责人：　　　　　　专业工长（施工员）：
监理（建设）单位结论	监理工程师： （建设单位项目专业技术负责人） 　　　　　　　　　　　　　　　年　月　日

表 5-22 架空隔热层检验批质量验收记录

04020601 _____

单位(子单位)工程名称			分部(子分部)工程名称		建筑屋面分部——保温隔热子分部	分项工程名称	架空隔热层分项
施工单位			项目负责人			检验批容量	
分包单位			分包单位项目负责人			检验批部位	
施工依据					验收依据	《屋面工程质量验收规范》(GB 50207—2012)	
验收项目			设计要求及规范规定		最小/实际抽样数量	检查记录	检查结果
主控项目	1	架空隔热制品的质量	砌块 MU___ 混凝土板 C___		/		
					/		
	2	架空隔热制品的铺设	应平整、稳固,缝隙勾填应密实		/		
一般项目	1	隔热制品距山墙或女儿墙距离	≥250mm		/		
	2	隔热层的高度及变形缝做法	设计要求		/		
	3	接缝高低差	3mm		/		
施工单位检查结果			专业工长: 项目专业质量检查员: 年 月 日				
监理单位验收结论			专业监理工程师: 年 月 日				

表 5-23 ＿＿＿＿＿＿＿＿＿分项工程质量验收记录

编号：＿＿＿＿＿＿

单位(子单位)工程名称			分部(子分部)工程名称		
分项工程数量			检验批数量		
施工单位			项目负责人		项目技术负责人
分包单位			分包单位项目负责人		分包内容

序号	检验批名称	检验批容量	部位/区段	施工单位检查结果	监理单位验收结论
1					
2					
3					
4					
5					
6					
7					
8					
9					
10					
11					
12					
13					
14					
15					

说明：

施工单位检查结果	项目专业技术负责人： 年 月 日
监理单位验收结论	专业监理工程师： 年 月 日

5.2.2 建筑屋面分部质量验收记录填写

表 5-24 分部/分项工程质量报验认可单

工程名称：　　　　　　　　　　　　　　　　　　　　　　　　编号：

致：　　　　　　　　　　　　（监理公司） 　　　　　　　　　　　　　　　　　(分项/分部工程)已完成施工，按有关规范、验评标准进行了自检，质量等级为合格□ ／ 优良　□，请查验。   　　附件： 1.□质量保证资料汇总表　　　　　　　＿＿＿＿页 　　　　　 2.□预检工程检查记录单　　　　　　　＿＿＿＿页 　　　　　 3.□隐蔽工程检查记录　　　　　　　　＿＿＿＿页 　　　　　 4.□分项工程质量检验评定表　　　　　＿＿＿＿页 　　　　　 5.□分项工程质量评定表　　　　　　　＿＿＿＿页 　　　　　 6.□其他　　　　　　　　　　　　　　＿＿＿＿页 　　　　　　　　　　　　　　　　　　　　　　专职质量检察员：＿＿＿＿＿＿＿ 　　　　　　　　　　　　　　　　　　　　　　　　承包单位：＿＿＿＿＿＿＿ 　　　　　　　　　　　　　　　　　　　　　　　　项目经理：＿＿＿＿＿＿＿ 　　　　　　　　　　　　　　　　　　　　　　　　　日期：＿＿＿＿＿＿＿
审查意见：   经检查质量等级：　　□合格　　　　　　□优良 　　　　　　　　　　□不合格　　　　　　□不符合要求 　　　　　　　　　　　　　　　　　　　　　　项目监理机构：＿＿＿＿＿＿＿ 　　　　　　　　　　　　　　　　　　　　　总/专业监理工程师：＿＿＿＿＿＿＿ 　　　　　　　　　　　　　　　　　　　　　　　　日期：＿＿＿＿＿＿＿

表 5-25 　　　　　　　　　分部工程质量验收记录

编号：＿＿＿＿＿＿

单位(子单位)工程名称		子分部工程数量		分项工程数量	
施工单位		项目负责人		技术(质量)负责人	
分包单位		分包单位负责人		分包内容	

序号	子分部工程名称	分项工程名称	检验批数量	施工单位检查结果	监理单位验收结论
1					
2					
3					
4					
5					
6					
7					
8					
质量控制资料					
安全和功能检验结果					
观感质量检验结果					
综合验收结论					

施工单位： 项目负责人： 　　年 月 日	勘察单位： 项目负责人： 　　年 月 日	设计单位： 项目负责人： 　　年 月 日	监理单位： 总监理工程师： 　　年 月 日

注：1. 地基与基础分部工程的验收应由施工、勘察、设计单位项目负责人和总监理工程师参加并签字；
2. 主体结构、节能分部工程的验收应由施工、设计单位项目负责人和总监理工程师参加并签字。

单元 6

建筑给水、排水分部工程资料实训

知识目标

了解建筑给水、排水分部工程资料的组成,熟悉各个分项工程和检验批表格的填写方法,能完成撰写、收集、整理施工图的给水、排水分部工程质量控制管理资料工作。

能力目标

会填写设备、材料进场验收记录;产品合格证汇总表;给水管道水压试验、冲洗消毒试验、通水试验等记录表;室内给水管道及配件安装工程检验批质量验收记录表;室内消火栓试射试验记录表;室内消火栓系统安装工程检验批质量验收记录表;水泵试运行和调试记录表;给水设备安装工程检验批质量验收记录表;室内排水管道灌水、通球试验记录表;雨水管道伸缩节安装记录表;室内排水管道及配件安装工程检验批质量验收记录;卫生器具满水和通球试验记录表;卫生器具及给水配件安装工程检验批质量验收记录表;卫生器具排水管道安装工程检验批质量验收记录表;隐蔽工程通知单;隐蔽工程质量验收记录表;给水、排水分部工程报验申请表;给水、排水分部工程质量验收记录表;给水、排水分部工程观感质量验收记录表等。

6.1 建筑给水、排水分部工程中分项工程、检验批的划分

按照《建筑工程施工质量验收统一标准》(GB 50300—2013),对本工程的给水、排水分部工程进行分项工程和检验批的划分。《统一标准》规定的建筑给水、排水的分项工程、检验批见表 6-1。

表 6-1 《统一标准》规定的建筑给水、排水分项工程、检验批划分

分部工程	子分部工程	分项工程
建筑给水、排水及采暖	室内给水系统	给水管道及配件安装,给水设备安装,消火栓系统安装,消防喷淋系统安装,防腐,绝热,管道冲洗、消毒,试验与调试
	室内排水系统	排水管道及配件安装,雨水管道及配件安装,防腐,试验与调试
	室内热水系统	管道及配件安装,辅助设备安装,防腐,绝热,试验与调试
	卫生器具安装	卫生器具安装,卫生器具给水配件安装,卫生器具排水管道安装,试验与调试
	室内供暖系统	管道及配件安装,辅助设备安装,散热器安装,低温热水地板辐射供暖系统安装,电加热供暖系统安装,燃气红外辐射供暖系统安装,热风供暖系统安装,热计量及调控装置安装,试验与调试,防腐,绝热

续表

分部工程	子分部工程	分项工程
建筑给水、排水及采暖	室外给水管网	给水管道安装,室外消火栓系统安装试验与调试
	室外排水管网	排水管道安装,排水管沟与井池,试验与调试
	室外供热管网	管道及配件安装,系统水压试验,土建结构,防腐,绝热,试验与调试
	建筑饮用水供应系统	管道及配件安装,水处理设备及控制设施安装,防腐,绝热,试验与调试
	建筑中水系统及雨水利用系统	建筑中水系统、雨水利用系统管道及配件安装,水处理设备及控制设施安装,防腐,绝热,试验与调试
	游泳池及公共浴池水系统	管道及配件系统安装,水处理设备及控制设施安装,防腐,绝热,试验与调试
	水景喷泉系统	管道系统及配件安装,防腐,绝热,试验与调试
	热源及辅助设备	锅炉安装,辅助设备及管道安装,安全附件安装,换热站安装,防腐,绝热,试验与调试
	监测与控制仪表	检测仪器及仪表安装,试验与调试

按照《统一标准》的规定,根据工程实际情况,对本工程建筑给水、排水部分划分分项工程和检验批。本工程建筑给水、排水分部工程由_____、_____、_____、_____、_____ 5 个子分部工程组成,含_____个分项工程,共划分为 11 个检验批。

1. 室内给水系统

本子分部工程含_____、_____和_____ 3 个分项工程,划分为_____个检验批。

(1) 给水管道及配件安装:按照±0.000 为界,划分为_____个检验批。

(2) 室内消火栓系统安装:划分为_____个检验批。

(3) 给水设备安装:划分为_____个检验批。

2. 室内排水系统

共划分为_____个检验批。

(1) 排水管道及配件安装:按照±0.000 为界,划分为_____个检验批。

(2) 雨水管道及配件安装:划分为_____个检验批。

3. 卫生器具安装

根据施工顺序,安装完毕统一检查,划分为_____个检验批。

4. 室外给水管网

本子分部工程包括给水管道安装及室外消火栓安装,故划分为_____个检验批进行检查。

5. 室外排水管网

排水管道安装均为地下安装,划分为_____个检验批进行检查。

请根据工程实例,将子分部、分项工程和检验批的划分结果填写于表 6-2。

表 6-2 子分部、分项工程、检验批的划分汇总表

序号	子分部工程名称	分项工程名称	检验批数量

6.2 建筑给水、排水分部工程技术资料

6.2.1 检验批、分项工程质量验收记录表

表 6-3 ＿＿＿＿＿＿主要材料、设备明细表

序号	材料、设备名称	型号与规格	生产厂家	使用部位	代表数量	质量证明文件

施工单位： 审核： 填表：

表 6-4 　　　　　　主要材料、配件、器具及设备进场检查验收表

GB 50242—2002			技 05-03-	

致　　　　　　　监理(建设)单位：
　我方于　　年　月　日　　　进场的　　　工程，　　　子分部工程的材料、配件、器具及设备(见下表)，经自检符合国家技术标准及设计要求,报请审查并准予在工程中使用。
附件：出厂质量合格证明文件　　　　份，性能检测报告　　　　份。

施工单位：

项目专业质量检查员：　　　　　　　　　　　　　　　　　　　　　　年　月　日

序号	材料、设备名称	型号、规格	制造商	本批次数量	备注

检查验收意见：

　　　　　　　　　　　　　　　　　　　　　　　　　　　　　监理单位：
　　　　　　　　　　　　　　　　　　　　　　　　　　　　(加盖监理项目部章)

　　　　　　　　　　　　　　　　　　　　　　　　　　　项目专业监理工程师：
　　　　　　　　　　　　　　　　　　　　　　　　　　　　　　　　　年　月　日

表 6-5 ＿＿＿＿＿＿＿＿产品质量合格证

序号	设备、产品名称	规格型号	出厂合格证	备注

施工单位：　　　　　　　　　　　审核：　　　　　　　　填表：

表 6-6 阀门强度和严密性试验记录

工程名称				施工单位			
分项工程名称				专业工长/证号			
阀门名称			代表数量			试验数量	
仪表检验证号			有效日期			仪表编号	
压力仪表精度			试验介质			生产厂家	

试验项目	阀门编号	规格型号	公称压力/MPa	试验压力/MPa	试验持续时间/s		试验情况
					起始时间	终始时间	
强度（壳体）试验							
严密性试验							

施工单位检验评定结果	
施工单位检验评定结果	项目专业质量检查员：　　　　项目专业质量(技术)负责人： 　　　　　　　　　　　　　　　　　　　　　　　　　　年　月　日
监理(建设)单位验收结论	项目专业监理工程师： (建设单位项目专业技术负责人)　　　　　　　　　　　年　月　日

表 6-7 给水管道水压试验记录

GB 50242—2002			技 05-08-	
工程名称		子分部工程名称		
施工单位		试验人员	试验日期	
管道系统名称或编号	阀门、水嘴总数量	开启阀门、水嘴数量	通水试验情况	
试验结论				

施工单位	监理(建设)单位
意见: 项目专业工长(施工员): 项目专业质量检查员: 年 月 日 (公章)	意见: 项目专业监理工程师: 年 月 日 (公章)

表 6-8 给水管道冲洗和消毒记录

GB 50242—2002				技 05-09-	
工程名称			子分部工程名称		
施工单位			试验人员	试验日期	
管道系统名称或编号	冲洗			消毒	
	介质	出水口流速/(m/s)	冲洗情况		
试验结论					

施工单位	监理(建设)单位
意见:	意见:
项目专业工长(施工员): 项目专业质量检查员: 年 月 日 (公章)	项目专业监理工程师: 年 月 日 (公章)

表 6-9 工程隐蔽通知单

监督号：	
郑州市工程质量监督站　　　　　　　　科(分站)： 　我单位施工的　　　　　　　工程的 (部位、项目)将于　　　　　年　月　日进行隐蔽。 特此通知。 	
通知人： 施工单位盖章： 监理单位盖章： 　　　　　　　年　月　日	接受人： 本次隐蔽是否抽查： | 抽查 |　| 不抽查 |　| 　　　　　　　年　月　日

表 6-10 给水管道及配件安装检验批质量验收记录

05010101 _____   05010501 _____
05010601 _____   05010701 _____
05010801 _____

单位(子单位)工程名称				分部(子分部)工程名称		建筑给水排水及采暖分部-室内给水系统子分部	分项工程名称	给水管道及配件安装分项
施工单位				项目负责人			检验批容量	
分包单位				分包单位项目负责人			检验批部位	
施工依据					验收依据	《建筑给水排水及采暖工程质量验收规范》(GB 50242—2002)		

		验收项目			设计要求及规范规定	最小/实际抽样数量	检查记录	检查结果
主控项目	1	给水管道 水压试验			设计要求	/		
	2	给水系统 通水试验			第 4.2.2 条	/		
	3	生活给水系统管道冲洗和消毒			第 4.2.3 条	/		
	4	直埋金属给水管道防腐			第 4.2.4 条	/		
一般项目	1	给排水管铺设的平行、垂直净距			第 4.2.5 条	/		
	2	金属给水管道及管件焊接			第 4.2.6 条	/		
	3	给水水平管道 坡度坡向			第 4.2.7 条	/		
	4	管道支、吊架			第 4.2.9 条	/		
	5	水表安装			第 4.2.10 条	/		
	6	水平管道纵、横方向弯曲允许偏差	钢管	每米	1mm	/		
				全长 25m 以上	不大于 25mm	/		
			塑料管、复合管	每米	1.5mm	/		
				全长 25m 以上	不大于 25mm	/		
			铸铁管	每米	2mm	/		
				全长 25m 以上	不大于 25mm	/		
		立管垂直度允许偏差	钢管	每米	3mm	/		
				5m 以上	不大于 8mm	/		
			塑料管、复合管	每米	2mm	/		
				5m 以上	不大于 8mm	/		
			铸铁管	每米	3mm	/		
				5m 以上	不大于 10mm	/		
		成排管段和成排阀门	在同一平面上的间距		3mm	/		
	7	管道及设备保温	厚度		$+0.1\delta$ -0.05δ	/		
			表面平整度	卷材	5mm	/		
				涂抹	10mm	/		

施工单位检查结果	专业工长: 项目专业质量检查员: 年 月 日
监理单位验收结论	专业监理工程师: 年 月 日

表 6-11 _____分项工程质量验收记录

编号：_____

单位(子单位) 工程名称			分部(子分部) 工程名称	
分项工程数量			检验批数量	
施工单位		项目 负责人		项目技术 负责人	
分包单位		分包单位 项目负责人		分包内容	

序号	检验批名称	检验批容量	部位/区段	施工单位检查结果	监理单位验收结论
1					
2					
3					
4					
5					
6					
7					
8					
9					
10					
11					
12					
13					
14					
15					

说明：

施工单位 检查结果	项目专业技术负责人： 年　月　日
监理单位 验收结论	专业监理工程师： 年　月　日

表 6-12 室内消火栓试射试验记录

(GB 50242—2002)

工程名称					子分部工程名称		
施工单位					试验人员		试射日期
屋顶或顶层消火栓试射							
消火栓位号	试射水平向上倾角 （30°～45°）	充实水柱长度/m		消火栓口的水压/MPa		试射结果	
		设计长度	试射长度	设计水压	实测水压		
首层消火栓试射							
消火栓位号	水平向上倾角30° 或45°试射	两支水枪的充实水柱，同时达到室内 测试房间或部位的试射试验				试射结果		
试验结论							

施工单位	监理(建设)单位
意见：	意见：
项目专业工长(施工员)：	项目专业监理工程师：
项目专业质量检查员：	
年 月 日(公章)	年 月 日(公章)

表 6-13 室内消火栓系统安装检验批质量验收记录

05010301 _____
05010803 _____

单位(子单位) 工程名称		分部(子分部) 工程名称	建筑给水排水及 采暖分部——室内 给水系统子分部	分项工程名称	室内消火栓系统 安装分项
施工单位		项目负责人		检验批容量	
分包单位		分包单位 项目负责人		检验批部位	
施工依据			验收依据	《建筑给水排水及采暖工程质量验收规范》 (GB 50242—2002)	

验收项目			设计要求及 规范规定	最小/实际 抽样数量	检查记录	检查 结果
主控项目	室内消火栓试射试验		设计要求	/		
一般项目	1	室内消火栓水龙带在箱内安放	第4.3.2条	/		
		栓口朝外,并不应安装在门轴侧	第4.3.3条	/		
	2	栓口中心距地面1.1m	±20mm	/		
		阀门中心距箱侧面140mm,距箱后内表面100mm	±5mm	/		
		消火栓箱体安装的垂直度	3mm			

施工单位 检查结果	专业工长: 项目专业质量检查员: 年 月 日
监理单位 验收结论	专业监理工程师: 年 月 日

表 6-14 ＿＿＿＿＿＿＿＿＿**分项工程质量验收记录**

编号：＿＿＿＿＿＿

单位(子单位) 工程名称			分部(子分部) 工程名称		
分项工程数量			检验批数量		
施工单位			项目 负责人		项目技术 负责人
分包单位			分包单位 项目负责人		分包内容
序号	检验批名称	检验批 容量	部位/区段	施工单位检查结果	监理单位验收结论
1					
2					
3					
4					
5					
6					
7					
8					
9					
10					
11					
12					
13					
14					
15					
说明：					
施工单位 检查结果			项目专业技术负责人： 年 月 日		
监理单位 验收结论			专业监理工程师： 年 月 日		

表 6-15 敞口满水试验记录

(GB 50242—2002)

工程名称				子分部工程名称		
施工单位				试验人员		
序号	水箱名称及编(位)号	水箱储水高度/m	满水高度/m	静止试验时间/h		试验情况及处理意见
				起始日期及时间	终止日期及时间	
试验结论						

施工单位	监理(建设)单位
意见: 项目专业工长(施工员): 项目专业质量检查员: 年 月 日(公章)	意见: 项目专业监理工程师: 年 月 日(公章)

表 6-16 水泵试运转记录

(GB 50242—2002)

工程名称			子分部工程名称			
施工单位			试验人员		运转日期	
设备名称			安装位号		环境温度	℃

设备铭牌	水泵		驱动机	
	名称		名称	
	制造商		制造商	
	型号		型号	
	出厂编号		出厂编号	
	配套功率 kW / 扬程 m		功率 kW / 电压 V	
	流量 L/s / 转速 r/min		电流 A / 转速 r/min	
	轴承温升 ℃		轴承温升 ℃	

水泵试运转		检查项目	检查结果	
	1	盘车检查水泵轴,应灵活,无卡阻、杂音及异常现象;		
	2	驱动机的转向应与泵的转向相符;		
	3	各固定连接部位不应有松动;		
	4	附属系统的运转应正常;		
	5	管道连接应牢固渗漏;		
	6	在额定工况点连续试运转 2h 轴承温升	滚动轴承	实测温度: ℃,温升: ℃
			滑动轴承	实测温度: ℃,温升: ℃

施工单位	监理(建设)单位
意见: 项目专业工长(施工员): 项目专业质量检查员: 年 月 日(公章)	意见: 项目专业监理工程师: 年 月 日(公章)

表 6-17 给水设备安装检验批质量验收记录

05010201 001

单位(子单位)工程名称		分部(子分部)工程名称		建筑给水排水及采暖分部-室内给水系统子分部	分项工程名称	给水设备安装分项
施工单位		项目负责人			检验批容量	
分包单位		分包单位项目负责人			检验批部位	
施工依据				验收依据	《建筑给水排水及采暖工程质量验收规范》(GB 50242—2002)	

		验收项目			设计要求及规范规定	最小/实际抽样数量	检查记录	检查结果
主控项目	1	水泵基础			设计要求	/		
	2	水泵试运转的轴承温升			设备说明书规定	/		
	3	敞口水箱满水试验和密闭水箱(罐)水压试验			第 4.4.3 条	/		
一般项目	1	水箱支架或底座安装			设计要求	/		
	2	水箱溢流管和泄放管安装			第 4.4.5 条	/		
	3	立式水泵减振装置			第 4.4.6 条	/		
	4	安装允许偏差	静置设备	坐标	15mm	/		
				标高	±5mm	/		
				垂直度(每米)	5mm	/		
			离心式水泵	立式垂直度(每米)	0.1mm	/		
				卧式水平度(每米)	0.1mm	/		
				联轴器同心度	轴向倾斜(每米) 0.8mm	/		
					径向移位 0.1mm	/		
	5	保温层允许偏差	厚度δ		+0.1δ −0.05δ	/		
			表面平整度	卷材	5mm	/		
				涂料	10mm	/		

施工单位检查结果	专业工长: 项目专业质量检查员:
监理单位验收结论	专业监理工程师:

表 6-18 _____分项工程质量验收记录

编号_____

单位(子单位) 工程名称			分部(子分部) 工程名称			
分项工程数量			检验批数量			
施工单位			项目 负责人		项目技术 负责人	
分包单位			分包单位 项目负责人		分包内容	

序号	检验批名称	检验批 容量	部位/区段	施工单位检查结果	监理单位验收结论
1					
2					
3					
4					
5					
6					
7					
8					
9					
10					
11					
12					
13					
14					
15					

说明:	
施工单位 检查结果	项目专业技术负责人: 年 月 日
监理单位 验收结论	专业监理工程师: 年 月 日

表 6-19 排水管道灌水试验记录

GB 50242—2002						技 05-16-	
工程名称				子分部工程名称			
施工单位				试验人员			
试验管段号	试验日期	灌水高度或标高/m	第一次灌满水		第二次灌满水		
			持续时间/min	观察时间/min	液面情况	管道及接口检查	

试验结论	

施工单位	监理(建设)单位
意见: 项目专业工长(施工员): 项目专业质量检查员: 　　　　　　　　　年 月 日 　　　　　　　　　（公章）	意见: 项目专业监理工程师: 　　　　　　　　　年 月 日 　　　　　　　　　（公章）

表 6-20 排水管道通球试验记录

GB 50242—2002				技 05-17-	
工程名称				子分部工程名称	
施工单位				试验人员	
球材质				试验日期	
立管编号	管径/mm	球径/mm	投球部位	排出部位	通球试验情况
试验结论					
	施工单位		监理(建设)单位		
	结论： 项目专业工长(施工员)： 项目专业质量检查员： 　　　　　　　　年　月　日 　　　　　　　　（公章）		结论： 项目专业监理工程师： 　　　　　　　　年　月　日 　　　　　　　　（公章）		

表 6-21 塑料排水（雨水）管道伸缩节安装记录表

GB 50242—2002					技 05-15-		
工程名称					子分部工程名称		
施工单位					安装日期		年 月 日
施工图设计单位及图号							
序号	管道名称或系统编号	安装位置	规格	数量/个	安装时环境温度/℃	设计伸缩量/mm	安装预留伸缩量/mm
1							
2							
3							
4							
5							
6							
7							
8							
9							
检查结论							

施工单位	监理(建设)单位
意见：	意见：
项目专业工长(施工员)： 项目专业质量检查员： 　　　　　　　　年 月 日 　　　　　　　　（公章）	项目专业监理工程师： 　　　　　　　　年 月 日 　　　　　　　　（公章）

表 6-22 排水管道及配件安装检验批质量验收记录

05020101 _____
05020401 _____

单位(子单位)工程名称					分部(子分部)工程名称		建筑给水排水及采暖分部-室内排水系统子分部	分项工程名称	排水管道及配件安装分项
施工单位					项目负责人			检验批容量	
分包单位					分包单位项目负责人			检验批部位	
施工依据							验收依据	《建筑给水排水及采暖工程质量验收规范》(GB 50242—2002)	
		验收项目			设计要求及规范规定	最小/实际抽样数量	检查记录		检查结果
主控项目	1	排水管道灌水试验			第5.2.1条	/			
	2	生活污水铸铁管坡度			第5.2.2条	/			
	3	生活污水塑料管坡度			第5.2.3条	/			
	4	排水塑料管安装伸缩节			设计要求	/			
	5	排水主立管及水平干管通球试验			第5.2.5条	/			
一般项目	1	生活污水管道上设检查口和清扫口			第5.2.6条	/			
	2	地下或地板下排水管道的检查口			第5.2.7条	/			
	3	金属管支、吊架安装			第5.2.8条	/			
	4	塑料管支、吊架安装			第5.2.9条	/			
	5	排水通气管安装			第5.2.10条	/			
	6	医院污水需消毒处理			第5.2.11条	/			
	7	饮食业工艺排水			第5.2.12条	/			
	8	通向室外排水管安装			第5.2.13条	/			
	9	室内向室外排水检查井的管道安装			第5.2.14条	/			
	10	室内排水管道连接			第5.2.15条	/			
	11	排水管安装允许偏差		坐标		15mm	/			
				标高		±15mm	/			
			横管纵横方向弯曲	铸铁管	每1m	不大于1mm	/			
					全长(25m以上)	不大于25mm	/			
				钢管	每1m 管径≤100mm	1mm	/			
					每1m 管径>100mm	1.5mm	/			
					全长(25m以上) 管径≤100mm	不大于25mm	/			
					全长(25m以上) 管径>100mm	不大于38mm	/			
				塑料管	每1m	1.5mm	/			
					全长(25m以上)	不大于38mm	/			
				钢筋混凝土管	每1m	3mm	/			
					全长(25m以上)	不大于75mm	/			
			立管垂直度	铸铁管	每1m	3mm	/			
					全长(5m以上)	不大于15mm	/			
				钢管	每1m	3mm	/			
					全长(5m以上)	不大于10mm	/			
				塑料管	每1m	3mm	/			
					全长(5m以上)	不大于15mm	/			
施工单位检查结果						专业工长： 项目专业质量检查员： 年　月　日			
监理单位验收结论						专业监理工程师： 年　月　日			

表 6-23 _____分项工程质量验收记录

编号：_____

单位(子单位)工程名称			分部(子分部)工程名称			
分项工程数量			检验批数量			
施工单位			项目负责人		项目技术负责人	
分包单位			分包单位项目负责人		分包内容	

序号	检验批名称	检验批容量	部位/区段	施工单位检查结果	监理单位验收结论
1					
2					
3					
4					
5					
6					
7					
8					
9					
10					
11					
12					
13					
14					
15					

说明：

施工单位检查结果	项目专业技术负责人： 年 月 日
监理单位验收结论	专业监理工程师： 年 月 日

表 6-24 雨水管道及配件安装检验批质量验收记录

05020201 _____
05020402 _____

单位(子单位)工程名称				分部(子分部)工程名称		建筑给水排水及采暖分部-室内排水系统子分部	分项工程名称	雨水管道及配件安装分项
施工单位				项目负责人			检验批容量	
分包单位				分包单位项目负责人			检验批部位	
施工依据						验收依据	《建筑给水排水及采暖工程质量验收规范》(GB 50242—2002)	

		验收项目			设计要求及规范规定	最小/实际抽样数量	检查记录	检查结果
主控项目	1	室内雨水管道灌水试验			第5.3.1条	/		
	2	塑料雨水管安装伸缩节			第5.3.2条	/		
	3	地下埋设雨水管道最小坡度			第5.3.3条	/		
一般项目	1	雨水管不得与生活污水管相连接			第5.3.4条	/		
	2	雨水斗安装			第5.3.5条	/		
	3	悬吊式雨水管道检查口间距	管径≤150		不大于15m	/		
			管径≥200		不大于20m	/		
	4	排水管安装允许偏差	坐标		15mm	/		
			标高		±15mm	/		
			横管纵横方向弯曲	铸铁管	每1m	不大于1mm	/	
					全长(25m以上)	不大于25mm	/	
				钢管	每1m 管径≤100mm	1mm	/	
					每1m 管径>100mm	1.5mm	/	
					全长25m以上 管径≤100mm	不大于25mm	/	
					全长25m以上 管径>100mm	不大于38mm	/	
				塑料管	每1m	1.5mm	/	
					全长(25m以上)	不大于38mm	/	
				钢筋混凝土管	每1m	3mm	/	
					全长(25m以上)	不大于75mm	/	
			立管垂直度	铸铁管	每1m	3mm	/	
					全长(5m以上)	不大于15mm	/	
				钢管	每1m	3mm	/	
					全长(5m以上)	不大于10mm	/	
				塑料管	每1m	3mm	/	
					全长(5m以上)	不大于15mm	/	
	5	焊缝允许偏差	焊口平直度		管壁厚10mm以内	管壁厚1/4	/	
			焊缝加强面	高度		/		
				宽度	+1mm	/		
			咬边	深度	小于0.5mm	/		
				连续长度	25mm	/		
				长度 总长度(两侧)	小于焊缝长度的10%	/		

施工单位检查结果	专业工长： 项目专业质量检查员： 　　　　　　　　　年　月　日
监理单位验收结论	专业监理工程师： 　　　　　　　　　年　月　日

表 6-25 　　　　　　　　　　分项工程质量验收记录

编号：_____

单位(子单位)工程名称			分部(子分部)工程名称			
分项工程数量			检验批数量			
施工单位			项目负责人		项目技术负责人	
分包单位			分包单位项目负责人		分包内容	

序号	检验批名称	检验批容量	部位/区段	施工单位检查结果	监理单位验收结论
1					
2					
3					
4					
5					
6					
7					
8					
9					
10					
11					
12					
13					
14					
15					

说明：

施工单位检查结果	项目专业技术负责人： 　　　　　　　　　　年　月　日
监理单位验收结论	专业监理工程师： 　　　　　　　　　　年　月　日

表 6-26 卫生器具满水和通水试验记录

(GB 50242—2002)

单位(子单位)工程名称							
分部(子分部)工程名称				设计图号			
施工单位				项目经理			
专业工长/证号			试验介质			试验日期	
管段编号	试验部位	卫生器具名称	卫生器具深度	注水深度/mm	起始时间	终止时间	水位降
施工单位检验评定结果							
施工单位检查评定结果	项目专业质量检查员： 项目专业质量(技术)负责人： 年 月 日						
监理(建设)单位验收结论	专业监理工程师： (建设单位项目专业技术负责人) 年 月 日						

表 6-27　卫生器具安装检验批质量验收记录

05040101 001

单位(子单位)工程名称		分部(子分部)工程名称	建筑给水排水及采暖分部-卫生器具安装子分部	分项工程名称	卫生器具安装分项
施工单位		项目负责人		检验批容量	
分包单位		分包单位项目负责人		检验批部位	
施工依据			验收依据	《建筑给水排水及采暖工程质量验收规范》(GB 50242—2002)	

		验收项目		设计要求及规范规定	最小/实际抽样数量	检查记录	检查结果
主控项目	1	排水栓与地漏安装		第 7.2.1 条	/		
	2	卫生器具满水试验和通水试验		第 7.2.2 条	/		
一般项目	1	卫生器具安装允许偏差	坐标	单独器具	10mm	/	
				成排器具	5mm	/	
			标高	单独器具	±15mm	/	
				成排器具	±10mm	/	
			器具水平度		2mm	/	
			器具垂直度		3mm	/	
	2	带面浴盆,应留有通向浴盆口的检修门		第 7.2.4 条	/		
		小便槽冲洗管,采用镀锌钢管或硬质塑料管,冲洗管应斜向下方安装		第 7.2.5 条	/		
	3	卫生器具的支、托架		第 7.2.6 条	/		

施工单位检查结果	专业工长： 项目专业质量检查员：
监理单位验收结论	专业监理工程师：

表 6-28 _____分项工程质量验收记录

编号：_____

单位(子单位)工程名称			分部(子分部)工程名称			
分项工程数量			检验批数量			
施工单位			项目负责人		项目技术负责人	
分包单位			分包单位项目负责人		分包内容	

序号	检验批名称	检验批容量	部位/区段	施工单位检查结果	监理单位验收结论
1					
2					
3					
4					
5					
6					
7					
8					
9					
10					
11					
12					
13					
14					
15					

说明：

施工单位检查结果	项目专业技术负责人： 年　月　日
监理单位验收结论	专业监理工程师： 年　月　日

表 6-29 卫生器具排水管道安装检验批质量验收记录

05040301 _____

单位(子单位) 工程名称				分部(子分部) 工程名称		建筑给水排水 及采暖分部-卫生器 具安装子分部	分项工程名称	卫生器具排水 管道安装分项
施工单位				项目负责人			检验批容量	
分包单位				分包单位 项目负责人			检验批部位	
施工依据						验收依据	《建筑给水排水及采暖工程质量 验收规范》(GB 50242—2002)	
		验收项目		设计要求及 规范规定	最小/实际 抽样数量	检查记录		检查 结果
主控 项目	1	器具受水口与立管,管道与楼板 结合		第7.4.1条	/			
	2	连接排水管道接口应严密,其支托 架安装		第7.4.2条	/			
一般项目	1	安装允许偏差	横管弯曲度	每1m长	2mm	/		
				横管长度≤10m, 全长	<8mm	/		
				横管长度≤10m, 全长	10mm	/		
			卫生器具排水 管口及横支管 的纵横坐标	单独器具	10mm	/		
				成排器具	5mm	/		
			卫生器具 接口标高	单独器具	±10mm	/		
				成排器具	±5mm	/		
	2	卫生器具排水管管径和管道最小坡度	污水盆(池)管径50mm		25‰	/		
			单、双格洗涤盆(池)管径50mm		25‰	/		
			洗手盆、洗脸盆管径32~50mm		20‰	/		
			浴盆管径50mm		20‰	/		
			淋浴器管径50mm		20‰	/		
			大便器	高低水箱管径100mm	12‰	/		
				自闭式冲洗阀管径100mm	12‰	/		
				拉管式冲洗阀管径100mm	12‰	/		
			小便器	冲洗阀管径40~50mm	20‰	/		
				自动冲洗水箱管径40~50mm	20‰	/		
			化验盆(无塞)管径40~50mm		25‰	/		
			净身器管径40~50mm		20‰	/		
			饮水器管径20~50mm		10‰~20‰	/		

施工单位 检查结果	专业工长: 项目专业质量检查员: 　　　　　　　年　月　日
监理单位 验收结论	专业监理工程师:

表 6-30　　　　　　　　　　分项工程质量验收记录

编号：_____

单位(子单位)工程名称			分部(子分部)工程名称			
分项工程数量			检验批数量			
施工单位			项目负责人		项目技术负责人	
分包单位			分包单位项目负责人		分包内容	

序号	检验批名称	检验批容量	部位/区段	施工单位检查结果	监理单位验收结论
1					
2					
3					
4					
5					
6					
7					
8					
9					
10					
11					
12					
13					
14					
15					

说明：

施工单位检查结果	项目专业技术负责人： 年　月　日
监理单位验收结论	专业监理工程师： 年　月　日

表 6-31 建筑给水、排水及采暖工程隐蔽工程验收表

(GB 50242—2002)

工程名称										
施工单位					子分部工程名称					
施工图设计单位及图号					验收部位			验收日期		

	项次	隐蔽项目名称或管线编号	材质	规格	单位	数量	敷设标高（m）	坡度	连接方法	检查结果
隐蔽工程验收内容	1									
	2									
	3									
	4									
	5									
	6									
	7									
	8									
简图及说明										

施工单位	监理(建设)单位
验收意见：	验收意见：
项目专业工长(施工员)：	项目专业监理工程师：
项目专业质量检查员：	
年 月 日 （公章）	年 月 日 （公章）

表 6-32 　　　　　　　　　分项工程质量验收记录

编号＿＿＿＿＿＿＿＿

单位(子单位)工程名称		分部(子分部)工程名称			
分项工程数量		检验批数量			
施工单位		项目负责人		项目技术负责人	
分包单位		分包单位项目负责人		分包内容	

序号	检验批名称	检验批容量	部位/区段	施工单位检查结果	监理单位验收结论
1					
2					
3					
4					
5					
6					
7					
8					
9					
10					
11					
12					
13					
14					
15					

说明：

施工单位检查结果	项目专业技术负责人： 年 月 日
监理单位验收结论	专业监理工程师： 年 月 日

6.2.2 建筑给水、排水分部质量验收记录填写

表 6-33 _____ 分部工程质量验收记录

编号：_____

单位(子单位) 工程名称		子分部 工程数量		分项工程 数量	
施工单位		项目 负责人		技术(质量) 负责人	
分包单位		分包单位 负责人		分包内容	

序号	子分部工程名称	分项工程名称	检验批 数量	施工单位检查结果	监理单位验收结论
1					
2					
3					
4					
5					
6					
7					
8					
	质量控制资料				
	安全和功能检验结果				
	观感质量检验结果				
综合验收结论					

施工单位 项目负责人： 年 月 日	勘察单位 项目负责人： 年 月 日	设计单位 项目负责人： 年 月 日	监理单位 总监理工程师： 年 月 日

注：1. 地基与基础分部工程的验收应由施工、勘察、设计单位项目负责人和总监理工程师参加并签字；
2. 主体结构、节能分部工程的验收应由施工、设计单位项目负责人和总监理工程师参加并签字。

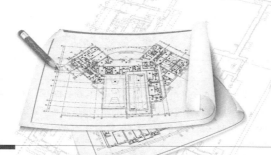

单元 7

建筑电气分部工程资料实训

知识目标

了解建筑电气分部工程资料的组成,熟悉分项工程、检验批的划分以及各个分项工程和检验批表格的填写方法,能完成撰写、收集、整理施工图的建筑电气分部工程质量控制管理资料工作。

能力目标

会填写成套配电柜、控制柜(屏、台)和动力、照明配电箱(盘)安装检验批质量验收记录表,电线导管、电缆导管和线槽敷设检验批质量验收记录表,电线、电缆穿管和线槽敷线检验批质量验收记录表,槽板配线检验批质量验收记录表,电缆头制作、接线和线路绝缘测试检验批质量验收记录表,普通灯具安装检验批质量验收记录表,专用灯具安装检验批质量验收记录表,建筑物景观照明灯、航空障碍标志灯和庭院灯安装检验批质量验收记录表,开关、插座、风扇安装检验批质量验收记录表,建筑物照明通电试运行检验批质量验收记录表,接地装置安装检验批质量验收记录表,避雷引下线和变配电室接地干线敷设检验批质量验收记录表,建筑物等电位联结检验批质量验收记录表,接闪器安装检验批质量验收记录表;及分项工程质量验收记录表,建筑电气分部工程质量验收表等。

7.1 建筑电气分部工程中分项工程、检验批的划分

按照《建筑工程施工质量验收统一标准》(GB 50300—2013),对本工程的建筑电气分部工程进行分项工程和检验批的划分。《统一标准》规定的建筑电气的子分部工程、分项工程见表格 7-1。

表 7-1 建筑电气的子分部工程、分项工程

分部工程	子分部工程	分项工程
建筑电气	室外电气	变压器、箱式变电所安装,成套配电柜、控制柜(屏、台)和动力、照明配电箱(盘)及控制柜安装,梯架、支架、托盘和槽盒安装,导管敷设,电缆敷设,管内穿线和槽盒内敷线电缆头制作、导线连接和线路绝缘测试,普通灯具安装,专用灯具安装,建筑照明通电试运行,接地装置安装

续表

分部工程	子分部工程	分项工程
建筑电气	变配电室	变压器、箱式变电所安装,成套配电柜、控制柜(屏、台)和动力、照明配电箱(盘)安装,变配电室装,母线槽安装,梯架、支架、托盘和槽盒安装,电缆敷设,电缆头制作、导线连接和线路绝缘测试,接地装置安装,接地干线敷设
	供电干线	电气设备试验和试运行,母线槽安装,梯架、支架、托盘和槽盒安装,导管敷设,电缆敷设管内穿线和槽盒内敷线,电缆头制作、导线连接和线路绝缘测试,接地干线敷设
	电气动力	成套配电柜、控制柜(屏、台)和动力配电箱(盘)安装,电动机、电加热器及电动执行机构检查接线,电气设备试验和试运行,梯架、支架、托盘和槽盒安装,导管敷设,电缆敷设,管内穿线和槽盒内敷线,电缆头制作、导线连接和线路绝缘测试
	电气照明	成套配电柜、控制柜(屏、台)和照明配电箱(盘)安装,梯架、支架、托盘和槽盒安装导管敷设,管内穿线和槽盒内敷线,塑料护套线直敷布线,钢索配线,电缆头制作、导线连接和线路绝缘测试,普通灯具安装,专用灯具安装,开关、插座、风扇安装,建筑照明通电试运行
	备用和不间断电源	成套配电柜、控制柜(屏、台)和动力、照明配电箱(盘)安装,柴油发电机组安装,不间断电源装置及应急电源装置安装,母线槽安装,导管敷设,电缆敷设,管内穿线和槽盒内敷线,电缆头制作、导线连接和线路绝缘测试,接地装置安装
	防雷及接地	接地装置安装,防雷引下线及接闪器安装,建筑物等电位连接,浪涌保护器安装

按照《统一标准》的规定,根据工程实例实际情况,对本工程建筑电气分部工程划分子分部、分项工程和检验批。

检验批划分可根据施工及质量控制和验收的需要,按照楼层、施工段及变形缝进行划分,划分应符合以下规定:

(1) 室外电气安装工程中分项工程的检验批,依据庭院大小、投运时间先后、功能区块不同划分。

(2) 变配电室安装工程中分项工程的检验批,主变配电室为1个检验批;有数个分变配电室,且不属于子单位工程的子分部工程,各为1个检验批,其验收记录汇入所有变配电室有关分项工程的验收记录中;如各分变配电室属于各子单位工程的子分部工程,所属分项工程各为1个检验批,其验收记录应为一个分项工程验收记录,经子分部工程验收记录汇入分部工程验收记录中。

(3) 供电干线安装工程分项工程的检验批,依据供电区段和电气线缆竖井的编号划分。

(4) 电气动力和电气照明安装工程中分项工程及建筑物等电位联结分项工程的检验批,其划分的界区,应与建筑土建工程一致。

(5) 备用和不间断电源安装工程中分项工程各自成为1个检验批。

(6) 防雷及接地装置安装工程中分项工程检验批,人工接地装置和利用建筑物基础钢筋的接地体各为1个检验批,大型基础可按区块划分成几个检验批;避雷引下线安装6层以下的建筑为1个检验批,高层建筑依均压环设置间隔的层数为1个检验批;接闪器安装同一屋面为1个检验批。

7.2 建筑电气分部工程技术资料

7.2.1 检验批、分项工程质量验收记录表

表 7-2 成套配电柜、控制柜（台、箱）和配电箱（盘）安装检验批质量验收记录

07020201001

单位(子单位)工程名称			分部(子分部)工程名称	建筑电气分部——变配电室安装工程子分部	分项工程名称	成套配电柜、控制柜(台、箱)和配电箱(盘)安装分项
施工单位			项目负责人		检验批容量	
分包单位			分包单位项目负责人		检验批部位	
施工依据			建筑电气施工方案	验收依据	《建筑电气工程施工质量验收规范》(GB 50303—2015)	

		验收项目	设计要求及规范规定	最小/实际抽样数量	检查记录	检查结果
主控项目	1	金属框架及基础型钢与保护导体的连接	第5.1.1条	/		
	2	配电装置的防电击保护和保护导体的截面积	第5.1.2条	/		
	3	手车、抽屉式柜的推拉和动、静触头检查	第5.1.3条	/		
	4	高压成套配电柜的交接试验	第5.1.4条	/		
	5	低压成套配电柜的交接试验	第5.1.5条	/		
	6	柜间线路绝缘电阻测试	第5.1.6条	/		
	7	直流柜试验	第5.1.7条	/		
	8	低压成套电柜和配电箱(盘)内末端回路阻抗试验	第5.1.8条	/		
	9	剩余电流动作测试	第5.1.9条	/		
	10	电涌保护器(SPD)安装	第5.1.10条	/		
	11	IT系统绝缘监测器(IMD)的报警功能	第5.1.11条	/		
	12	照明配电箱(盘)的安装	第5.1.12条	/		
	13	送至建筑智能化工程变送器的电量信号精度、接收建筑智能化工程的指令	第5.1.13条	/		
一般项目	1	基础型钢安装	不直度（每米/全长）	≤1mm	/	
				≤5mm	/	
			水平度（每米/全长）	≤1mm	/	
				≤5mm	/	
			不平行度（全长）	≤5mm	/	

续表

	验收项目		设计要求及规范规定	最小/实际抽样数量	检查记录	检查结果
一般项目	2	柜、台、箱、盘的布置及安全间距	第5.2.2条	/		
	3	柜、台、箱之间或与基础型钢间的连接及防火	第5.2.3条	/		
	4	室外安装的落地式配电(控制)柜、箱的基础及排水	第5.2.4条	/		
	5	柜、台、箱、盘的安装	第5.2.5条	/		
	6	柜、台、箱、盘内的检查试验	第5.2.6条	/		
	7	低压电器的组合	第5.2.7条	/		
	8	柜、台、箱、盘间的配线	第5.2.8条	/		
	9	柜、台、箱、盘面板上的电器连接导线	第5.2.9条	/		
	10	照明配电箱(盘)的安装	第5.2.10条	/		
施工单位检查结果			专业工长： 项目专业质量检查员： 　　　　　　　年　月　日			
监理单位验收结论			专业监理工程师： 　　　　　　　年　月　日			

表 7-3 管内穿线和槽盒内敷线检验批质量验收记录

07050501 001

单位(子单位) 工程名称		分部(子分部) 工程名称	建筑电气分部——电气照明安装工程子分部	分项工程名称	管内穿线和槽盒内敷线分项
施工单位		项目负责人		检验批容量	
分包单位		分包单位项目负责人		检验批部位	
施工依据		建筑电气施工方案		验收依据	《建筑电气工程施工质量验收规范》(GB 50303—2015)

		验收项目	设计要求及规范规定	最小/实际抽样数量	检查记录	检查结果
主控项目	1	同一交流回路的绝缘导线不应敷设于不同的金属槽盒内或穿于不同金属导管内	第14.1.1条	/		
	2	不同回路、不同电压等级和交流与直流线路的绝缘导线不应穿于同一导管内	第14.1.2条	/		
	3	绝缘导线接头的设置	第14.1.3条	/		
一般项目	1	绝缘导线采取导管或槽盒保护	第14.2.1条	/		
	2	导管内清扫,管口护线口的装设	第14.2.2条	/		
	3	与槽盒连接的接线盒(箱)应选用明装盒,配线工程完成后,盒(箱)内应齐全、完好	第14.2.3条	/		
	4	同一建(构)物的绝缘导线绝缘层颜色应一致	第14.2.4条	/		
	5	槽盒内的敷线	第14.2.5条	/		

施工单位 检查结果	专业工长: 项目专业质量检查员: 　　　　　　　　　　　　　年　月　日
监理单位 验收结论	专业监理工程师: 　　　　　　　　　　　　　年　月　日

表 7-4 导管敷设检验批质量验收记录

07030401 001

单位(子单位)工程名称		分部(子分部)工程名称	建筑电气分部——供电干线安装工程子分部	分项工程名称	导管敷设分项
施工单位		项目负责人		检验批容量	
分包单位		分包单位项目负责人		检验批部位	
施工依据	建筑电气施工方案		验收依据	《建筑电气工程施工质量验收规范》(GB 50303—2015)	

		验收项目	设计要求及规范规定	最小/实际抽样数量	检查记录	检查结果
主控项目	1	金属导管与保护导体的连接	第12.1.1条	/		
	2	钢导管不得采用对口熔焊连接,镀锌钢导管或壁厚≤2mm,不得采用套管熔焊连接	第12.1.2条	/		
	3	导管在砌体上剔槽埋设	第12.1.3条	/		
	4	导管穿越密闭或防护密闭隔墙时,设置预埋套管	第12.1.4条	/		
一般项目	1	导管的弯曲半径	第12.2.1条	/		
	2	导管的支架安装	第12.2.2条	/		
	3	暗配的导管表面埋设深度	第12.2.3条	/		
	4	进入配电(控制)柜、台、箱内的导管管口	第12.2.4条	/		
	5	室外导管的敷设	第12.2.5条	/		
	6	明配的电气导管敷设	第12.2.6条	/		
	7	塑料导管的敷设	第12.2.7条	/		
	8	可弯曲金属导管及柔性导管的敷设	第12.2.8条	/		
	9	导管的敷设	第12.2.9条	/		

施工单位检查结果	专业工长: 项目专业质量检查员: 　　　　　　　　　　年　月　日
监理单位验收结论	专业监理工程师: 　　　　　　　　　　年　月　日

表 7-5 电缆头制作、导线连接和线路绝缘测试检验批质量验收记录

07040801 001

单位(子单位)工程名称		分部(子分部)工程名称	建筑电气分部——电气动力安装工程子分部	分项工程名称	电缆头制作、导线连接和线路绝缘测试分项
施工单位		项目负责人		检验批容量	
分包单位		分包单位项目负责人		检验批部位	
施工依据	建筑电气施工方案		验收依据	《建筑电气工程施工质量验收规范》(GB 50303—2015)	

		验收项目		设计要求及规范规定	最小/实际抽样数量	检查记录	检查结果
主控项目	1	电力电缆的耐压试验		第17.1.1条	/0		
	2	低压或特低电压电线和电缆绝缘电阻测试		第17.1.2条	/0		
	3	电缆终端保护联结导体的截面/mm	≤16	与电缆导体截面相同	/		
			>16,且≤120	16	/		
			≥150	25	/		
	4	电缆端子与设备或器具的连接		第17.1.4条	/		
一般项目	1	电缆头应可靠牢固,不应使电器元件或设备端子承受额外应力		第17.2.1条	/		
	2	导线与设备或器具的连接		第17.2.2条	/		
	3	截面面积6mm及以下铜芯导线间的连接		第17.2.3条	/		
	4	铝/铝合金电缆头及端子的压接		第17.2.4条	/		
	5	螺纹型接线端子与导线连接时的拧紧力矩值		第17.2.5条	/		
	6	线芯连接金具的规格、性能		第17.2.6条	/		
	7	当接线端子规格与电气器具规格不配套时,不应采取降容的转接措施		第17.2.7条	/		

施工单位检查结果	专业工长: 项目专业质量检查员: 年 月 日
监理单位验收结论	专业监理工程师: 年 月 日

表 7-6　普通灯具安装检验批质量验收记录

07050901_____

单位(子单位) 工程名称		分部(子分部) 工程名称		建筑电气分部 ——电气照明安 装工程子分部	分项工程 名称		普通灯具安 装分项
施工单位		项目负责人			检验批容量		
分包单位		分包单位 项目负责人			检验批部位		
施工依据		建筑电气施工方案		验收依据	《建筑电气工程施工质量验收规范》 (GB 50303—2015)		
	验收项目		设计要求及 规范规定	最小/实际 抽样数量	检查记录		检查 结果
主控项目	1	灯具的固定	第18.1.1条	/			
	2	悬吊式灯具的安装	第18.1.2条	/			
	3	吸顶或墙面安装的灯具	第18.1.3条	/			
	4	接线盒引至嵌入式灯具或灯槽的绝缘导线	第18.1.4条	/			
	5	普通灯具Ⅰ类灯具外露可导电部分与保护导体的连接	第18.1.5条	/			
	6	敞开式灯具的安装高度	第18.1.6条	/			
	7	埋地灯的安装	第18.1.7条	/			
	8	庭院灯、建筑物附属路灯的安装	第18.1.8条	/			
	9	安装在公共场所的大型灯具的玻璃罩,应采取防止玻璃罩向下溅落的措施	第18.1.9条	/			
	10	LED灯具的安装	第18.1.10条	/			
一般项目	1	引向单个灯具的绝缘铜芯导线最小截面积	第18.2.1条	/			
	2	灯具的外形、灯头及接线检查	第18.2.2条	/			
	3	灯具表面及附件的防火保护	第18.2.3条	/			
	4	高低压配电设备、裸母线及电梯曳引机的正上方不应安装灯具	第18.2.4条	/			
	5	投光灯的固定	第18.2.5条	/			
	6	聚光灯和类似灯具出口面与被照物体的最短距离	第18.2.6条	/			
	7	导轨的灯具功率和荷载	第18.2.7条	/			
	8	露天安装的灯具	第18.2.8条	/			
	9	荧光灯的固定	第18.2.9条	/			
	10	庭院灯、建筑物附属路灯的安装	第18.2.10条	/			
施工单位 检查结果				专业工长： 项目专业质量检查员： 　　　　　　　　年　月　日			
监理单位 验收结论				专业监理工程师： 　　　　　　　　年　月　日			

表 7-7 专用灯具安装检验批质量验收记录

07051001_____

单位(子单位)工程名称			分部(子分部)工程名称		建筑电气分部——电气照明安装工程子分部	分项工程名称	专用灯具安装分项
施工单位			项目负责人			检验批容量	
分包单位			分包单位项目负责人			检验批部位	
施工依据			建筑电气施工方案		验收依据	《建筑电气工程施工质量验收规范》(GB 50303—2015)	
		验收项目	设计要求及规范规定	最小/实际抽样数量	检查记录		检查结果
主控项目	1	专用灯具Ⅰ类灯具外露可导电部分与保护导体的连接	第19.1.1条	/			
	2	手术台无影灯的安装	第19.1.2条	/			
	3	应急灯具的安装	第19.1.3条	/			
	4	霓虹灯的安装	第19.1.4条	/			
	5	高压钠灯、金属卤化物灯的安装	第19.1.5条	/			
	6	景观照明灯具的安装	第19.1.6条	/			
	7	航空障碍标志灯的安装	第19.1.7条	/			
	8	太阳能灯具的安装	第19.1.8条	/			
	9	洁净场所灯具的嵌入安装	第19.1.9条	/			
	10	游泳池和类似场所灯具的安装	第19.1.10条	/			
一般项目	1	手术台无影灯的安装	第19.2.1条	/			
	2	应急电源或镇流器与灯具分离的安装	第19.2.2条	/			
	3	霓虹灯的安装	第19.2.3条	/			
	4	高压钠灯、金属卤化物灯的安装	第19.2.4条	/			
	5	建筑物景观照明灯具的构架固定和外露电线电缆保护	第19.2.5条	/			
	6	航空障碍标志灯的安装位置及自动通、断电源控制装置	第19.2.6条	/			
	7	太阳能灯具的电池板及组件安装	第19.2.7条	/			
施工单位检查结果					专业工长: 项目专业质量检查员: 年　月　日		
监理单位验收结论					专业监理工程师: 年　月　日		

表 7-8 电缆敷设检验批质量验收记录

单位(子单位)工程名称		分部(子分部)工程名称	建筑电气分部——室外电气安装工程子分部	分项工程名称	电缆敷设分项
施工单位		项目负责人		检验批容量	
分包单位		分包单位项目负责人		检验批部位	
施工依据		建筑电气施工方案		验收依据	《建筑电气工程施工质量验收规范》(GB 50303—2015)

		验收项目	设计要求及规范规定	最小/实际抽样数量	检查记录	检查结果
主控项目	1	金属电缆支架必须与保护导体可靠连接	第13.1.1条	/		
	2	电缆敷设检查	第13.1.2条	/		
	3	电缆敷设采取防护措施	第13.1.3条	/		
	4	并联使用的电力电缆的型号、规格、长度相同	第13.1.4条	/		
	5	交流单芯电缆或分相后的每相电缆不得单独穿于钢导管内,固定用的夹具和支架不应形成闭合磁路	第13.1.5条	/		
	6	电缆穿过零序电流互感器	第13.1.6条	/		
	7	电缆的敷设和排列布置	第13.1.7条	/		
一般项目	1	电缆支架的安装	第13.2.1条	/		
	2	电缆的敷设	第13.2.2条	/		
	3	直埋电缆的保护	第13.2.3条	/		
	4	电缆的首端、末端和分支处的标志牌,直埋电缆的标示桩	第13.2.4条	/		

施工单位检查结果	专业工长: 项目专业质量检查员: 年　月　日
监理单位验收结论	专业监理工程师: 年　月　日

表 7-9 ＿＿＿＿＿＿＿＿＿＿＿＿报验申请表

工程名称： 编号：

致：
　　我单位已完成＿＿＿＿＿＿＿＿＿＿＿＿＿＿＿＿＿＿＿工作,现报上该工程报验申请表,请予以审查和验收。
　　附件：

承包单位(章)＿＿＿＿＿＿＿＿＿＿
项目经理＿＿＿＿＿＿＿＿＿＿
日期＿＿＿＿＿＿＿＿＿＿

审查意见：

项目监理机构＿＿＿＿＿＿＿＿＿＿
总/专业监理工程师＿＿＿＿＿＿＿＿＿＿
日期＿＿＿＿＿＿＿＿＿＿

表 7-10 开关、插座、风扇安装检验批质量验收记录

07051101001

单位(子单位)工程名称		分部(子分部)工程名称	建筑电气分部——电气照明安装工程子分部	分项工程名称	开关、插座、风扇安装分项
施工单位		项目负责人		检验批容量	
分包单位		分包单位项目负责人		检验批部位	
施工依据		建筑电气施工方案		验收依据	《建筑电气工程施工质量验收规范》(GB 50303—2015)

		验收项目	设计要求及规范规定	最小/实际抽样数量	检查记录	检查结果
主控项目	1	交流、直流或不同电压等级在同一场所的插座应有区别	第20.1.1条	/		
	2	不间断电源插座及应急电源插座的标识设置	第20.1.2条	/		
	3	插座的接线	第20.1.3条	/		
	4	照明开关的安装	第20.1.4条	/		
	5	温控器的接线、显示屏的指示、安装的标高	第20.1.5条	/		
	6	吊扇的安装	第20.1.6条	/		
	7	壁扇的安装	第20.1.7条	/		
一般项目	1	暗装的插座盒或开关盒的安装和外观检查	第20.2.1条	/		
	2	插座的安装	第20.2.2条	/		
	3	照明开关的安装	第20.2.3条	/		
	4	温控器的安装高度、控制顺序	第20.2.4条	/		
	5	吊扇的安装	第20.2.5条	/		
	6	壁扇的安装	第20.2.6条	/		
	7	换气扇的安装、定时开关设置	第20.2.7条	/		

施工单位检查结果	专业工长： 项目专业质量检查员： 年　月　日
监理单位验收结论	专业监理工程师： 年　月　日

表 7-11 建筑物照明通电试运行检验批质量验收记录

07051201001

单位(子单位)工程名称		分部(子分部)工程名称	建筑电气分部——电气照明安装工程子分部	分项工程名称	建筑物照明通电试运行分项
施工单位		项目负责人		检验批容量	
分包单位		分包单位项目负责人		检验批部位	
施工依据		建筑电气施工方案	验收依据	《建筑电气工程施工质量验收规范》(GB 50303—2015)	

	验收项目	设计要求及规范规定	最小/实际抽样数量	检查记录	检查结果
主控项目	1 灯具回路控制与照明控制柜、箱(盘)及回路标识一致,开关与灯具控制顺序相对应	第21.1.1条	/		
	2 照明系统全负荷通电连续试运行无故障	第21.1.2条	/		
	3 有照度测试要求的场所,试运行时照度的检测	第21.1.3条	/		

施工单位检查结果	专业工长: 项目专业质量检查员: 　　　　　　年　月　日

监理单位验收结论	专业监理工程师: 　　　　　　年　月　日

表 7-12 UPS 及 EPS 安装检验批质量验收记录

07060301001

单位(子单位)工程名称		分部(子分部)工程名称	建筑电气分部——自备电源安装工程子分部	分项工程名称	UPS 及 EPS 安装分项
施工单位		项目负责人		检验批容量	
分包单位		分包单位项目负责人		检验批部位	
施工依据		建筑电气施工方案		验收依据	《建筑电气工程施工质量验收规范》(GB 50303—2015)

		验收项目	设计要求及规范规定	最小/实际抽样数量	检查记录	检查结果
主控项目	1	UPS 及 EPS 的整流、逆变、静态开关、储能电池或蓄电池组的规格、型号,内部接线及紧固件	第 8.1.1 条	/		
	2	UPS 及 EPS 的极性,输入、输出各级保护系统的动作和输出的电压稳定性、波形畸变系数及频率、相位、静态开关的动作等各项技术性能指标的试验调整	第 8.1.2 条	/		
	3	EPS 按设计或产品技术文件的检查要求	第 8.1.3 条	/		
	4	UPS 及 EPS 的绝缘电阻值	第 8.1.4 条	/		
	5	UPS 输出端的系统接地连接方式	第 8.1.5 条	/		
一般项目	1	安放 UPS 的机架或金属底座的组装	第 8.2.1 条	/		
	2	引入或引出 UPS 及 EPS 的主回路绝缘导线、电缆和控制绝缘导线、电缆的保护、分隔间距、屏蔽护套接地	第 8.2.2 条	/		
	3	UPS 及 EPS 的外露可导电部分与保护导体的连接及标识要求	第 8.2.3 条	/		
	4	UPS 正常运行时产生的 A 声级噪声	第 8.2.4 条	/		

施工单位检查结果	专业工长: 项目专业质量检查员: 　　　　年　月　日
监理单位验收结论	专业监理工程师: 　　　　年　月　日

表 7-13　导管敷设检验批质量验收记录

07010401_____

单位(子单位)工程名称		分部(子分部)工程名称		建筑电气分部——室外电气安装工程子分部	分项工程名称	导管敷设分项
施工单位		项目负责人			检验批容量	
分包单位		分包单位项目负责人			检验批部位	
施工依据		建筑电气施工方案		验收依据	《建筑电气工程施工质量验收规范》(GB 50303—2015)	

		验收项目	设计要求及规范规定	最小/实际抽样数量	检查记录	检查结果
主控项目	1	金属导管与保护导体的连接	第12.1.1条	/		
	2	钢导管不得采用对口熔焊连接,镀锌钢导管或壁厚≤2mm,不得采用套管熔焊连接	第12.1.2条	/		
	3	导管在砌体上剔槽埋设	第12.1.3条	/		
	4	导管穿越密闭或防护密闭隔墙时,设置预埋套管	第12.1.4条	/		
一般项目	1	导管的弯曲半径	第12.2.1条	/		
	2	导管的支架安装	第12.2.2条	/		
	3	暗配的导管表面埋设深度	第12.2.3条	/		
	4	进入配电(控制)柜、台、箱内的导管管口	第12.2.4条	/		
	5	室外导管的敷设	第12.2.5条	/		
	6	明配的电气导管敷设	第12.2.6条	/		
	7	塑料导管的敷设	第12.2.7条	/		
	8	可弯曲金属导管及柔性导管的敷设	第12.2.8条	/		
	9	导管的敷设	第12.2.9条	/		

施工单位检查结果	专业工长： 项目专业质量检查员： 　　　　　　　　　　　　　　　　年　月　日
监理单位验收结论	专业监理工程师： 　　　　　　　　　　　　　　　　年　月　日

表 7-14 电缆头制作、导线连接和线路绝缘测试检验批质量验收记录

07010701 _____

单位(子单位)工程名称			分部(子分部)工程名称		建筑电气分部——室外电气安装工程子分部	分项工程名称	电缆头制作、导线连接和线路绝缘测试分项
施工单位			项目负责人			检验批容量	
分包单位			分包单位项目负责人			检验批部位	
施工依据			建筑电气施工方案		验收依据	《建筑电气工程施工质量验收规范》(GB 50303—2015)	
		验收项目		设计要求及规范规定	最小/实际抽样数量	检查记录	检查结果
主控项目	1	电力电缆的耐压试验		第17.1.1条	/		
	2	低压或特低电压电线和电缆绝缘电阻测试		第17.1.2条	/		
	3	电缆终端保护联结导体的截面/mm	≤16	与电缆导体截面相同	/		
			≥16,且≤120	16	/		
			≥150	25	/		
	4	电缆端子与设备或器具的连接		第17.1.4条	/		
一般项目	1	电缆头应可靠牢固,不应使电器元件或设备端子承受额外应力		第17.2.1条	/		
	2	导线与设备或器具的连接		第17.2.2条	/		
	3	截面面积6mm及以下铜芯导线间的连接		第17.2.3条	/		
	4	铝/铝合金电缆头及端子的压接		第17.2.4条	/		
	5	螺纹型接线端子与导线连接时的拧紧力矩值		第17.2.5条	/		
	6	线芯连接金具的规格、性能		第17.2.6条	/		
	7	当接线端子规格与电气器具规格不配套时,不应采取降容的转接措施		第17.2.7条	/		
施工单位检查结果					专业工长: 项目专业质量检查员: 年 月 日		
监理单位验收结论					专业监理工程师: 年 月 日		

表 7-15 接地装置安装检验批质量验收记录

07070101 _____

单位(子单位)工程名称		分部(子分部)工程名称	建筑电气分部——防雷及接地装置安装工程子分部	分项工程名称	接地装置安装分项
施工单位		项目负责人		检验批容量	
分包单位		分包单位项目负责人		检验批部位	
施工依据		建筑电气施工方案		验收依据	《建筑电气工程施工质量验收规范》(GB 50303—2015)

		验收项目	设计要求及规范规定	最小/实际抽样数量	检查记录	检查结果
主控项目	1	接地装置测试点的位置	第 22.1.1 条	/		
	2	接地装置的接地电阻值	第 22.1.2 条	/		
	3	接地装置的材料规格、型号	第 22.1.3 条	/		
	4	降低接地电阻采取的措施	第 22.1.4 条	/		
一般项目	1	接地装置埋设深度、间距、水平距离	第 22.2.1 条	/		
	2	接地装置焊接搭接长度、防腐措施	第 22.2.2 条	/		
	3	接地极采用热剂焊时的接头质量	第 22.2.3 条	/		
	4	采取降阻措施的接地电阻	第 22.2.4 条	/		

施工单位检查结果	专业工长： 项目专业质量检查员： 年　月　日
监理单位验收结论	专业监理工程师： 年　月　日

表 7-16　防雷引下线及接闪器安装检验批质量验收记录

07070201001

单位(子单位)工程名称			分部(子分部)工程名称	建筑电气分部——防雷及接地装置安装工程子分部	分项工程名称	防雷引下线及接闪器安装分项
施工单位			项目负责人		检验批容量	
分包单位			分包单位项目负责人		检验批部位	
施工依据			建筑电气施工方案	验收依据	《建筑电气工程施工质量验收规范》(GB 50303—2015)	
		验收项目	设计要求及规范规定	最小/实际抽样数量	检查记录	检查结果
主控项目	1	防雷引下线的布置、安装数量和连接方式	第24.1.1条	/		
	2	接闪器的布置、规格及数量	第24.1.2条	/		
	3	接闪器与防雷引下线必须采用焊接或卡接器连接,防雷引下线与接地装置必须采用焊接或螺栓连接	第24.1.3条	/		
	4	金属屋面或屋顶上旗杆、栏杆、装饰物、铁塔、女儿墙上的盖板等永久性金属物做接闪器时的材质、截面,金属屋面板间的连接、永久性金属物各部件的连接	第24.1.4条	/		
一般项目	1	引下线的敷设、明敷引下线焊接处的防腐	第24.2.1条	/		
	2	幕墙金属框架和建筑物的金属门窗与防雷引下线的连接、连接处的防腐蚀措施	第24.2.2条	/		
	3	接闪杆、接闪线、接闪网和接闪带的安装位置、方式	第24.2.3条	/		
	4	防雷引下线、接闪线、接闪网和接闪带的焊接连接搭接长度及要求	第24.2.4条	/		
	5	接闪线和接闪带的安装	第24.2.5条	/		
	6	接闪带或接闪网在过建筑物变形缝处的跨接应有补偿措施	第24.2.6条	/		
施工单位检查结果				专业工长: 项目专业质量检查员: 　　　　　　　　　年　月　日		
监理单位验收结论				专业监理工程师: 　　　　　　　　　年　月　日		

表 7-17 建筑物等电位联结检验批质量验收记录

07070301001

单位(子单位)工程名称		分部(子分部)工程名称	建筑电气分部——防雷及接地装置安装工程子分部	分项工程名称	建筑物等电位联结分项
施工单位		项目负责人		检验批容量	
分包单位		分包单位项目负责人		检验批部位	
施工依据	建筑电气施工方案		验收依据	《建筑电气工程施工质量验收规范》(GB 50303—2015)	
		验收项目	设计要求及规范规定	最小/实际抽样数量	检查记录	检查结果
---	---	---	---	---	---	---
主控项目	1	建筑物等电位联结的范围、形式、方法、部位及联结导体的材料、截面积	第25.1.1条	/		
	2	等电位联结的外露可导电部分或外界可导电部分的连接可靠	第25.1.2条	/		
一般项目	1	需做等电位联结的卫生间内金属部件或零件的外界可导电部分等电位联结的连接	第25.2.1条	/		
	2	等电位联结导体在地下暗敷时,其导体间的连接不得采用螺栓压接	第25.2.2条	/		

施工单位检查结果	专业工长: 项目专业质量检查员: 年　月　日
监理单位验收结论	专业监理工程师: 年　月　日

7.2.2 建筑电气分部质量验收记录填写

表 7-18 _____分部工程质量验收记录

编号：_____

单位(子单位)工程名称		子分部工程数量		分项工程数量	
施工单位		项目负责人		技术(质量)负责人	
分包单位		分包单位负责人		分包内容	

序号	子分部工程名称	分项工程名称	检验批数量	施工单位检查结果	监理单位验收结论
1					
2					
3					
4					
5					
6					
7					
8					
质量控制资料					
安全和功能检验结果					
观感质量检验结果					
综合验收结论					

施工单位 项目负责人 年 月 日	勘察单位 项目负责人 年 月 日	设计单位 项目负责人 年 月 日	监理单位 总监理工程师 年 月 日

注：1. 地基与基础分部工程的验收应由施工、勘察、设计单位项目负责人和总监理工程师参加并签字；
2. 主体结构、节能分部工程的验收应由施工、设计单位项目负责人和总监理工程师参加并签字。

附 录

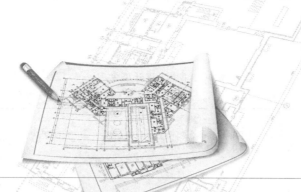

附录1 《建设工程监理规范》(GB/T 50319—2013)附表

表 A.0.1 总监理工程师任命书

工程名称：_____编号：

致：_____(建设单位)

兹任命_____(注册监理工程师注册号：_____)为我单位_____项目总监理工程师。负责履行建设工程监理合同、主持项目监理机构工作。

工程监理单位(盖章)

法定代表人(签字)

年 月 日

注：本表一式三份，项目监理机构、建设单位、施工单位各一份。

表 A.0.2　工程开工令

工程名称：　　　　　　　　　　　　　　　　　　　　　　　　　　　编号：

致：_____（施工单位）

　　经审查,本工程已具备施工合同约定的开工条件,现同意你方开始施工,开工日期为：_____年_____月_____日。

　　附件：工程开工报审表

项目监理机构(盖章)

总监理工程师(签字、加盖执业印章)

年　月　日

注：本表一式三份，项目监理机构、建设单位、施工单位各一份。

表 A.0.3 监理通知单

工程名称：_____　　　　　　　　　　　编号：_____

致：_____（施工项目经理部）

事由：_____
_____
_____

内容：_____
_____
_____

　　　　　　　　　　　　　　　　　　　　　　　　项目监理机构（盖章）

　　　　　　　　　　　　　　　　　　　　　　　　总/专业监理工程师（签字）

　　　　　　　　　　　　　　　　　　　　　　　　　　年　月　日

注：本表一式三份，项目监理机构、建设单位、施工单位各一份。

表 A.0.4 监理报告

工程名称：　　　　　　　　　　　　　　　　　　　　　　　　　　　　　编号：

致：_____（主管部门）

由_____（施工单位）施工的_____（工程部位），存在安全事故隐患。我方已于_____年_____月_____日发出编号为_____的《监理通知单》/《工程暂停令》，但施工单位未整改/停工。

特此报告。

附件：□ 监理通知单
　　　□ 工程暂停令
　　　□ 其他

项目监理机构（盖章）

总监理工程师（签字）

年 月 日

注：本表一式四份，主管部门、建设单位、工程监理单位、项目监理机构各一份。

表 A.0.5　工程暂停令

工程名称：　　　　　　　　　　　　　　　　　　　　　　　　　　　　编号：

致：_____（施工项目经理部）

由于：_____原因，现通知你方于_____年_____月_____日_____时起，暂停_____部位（工序）施工，并按下述要求做好后续工作。

要求：

　　　　　　　　　　　　　　　　　　　　　　项目监理机构（盖章）

　　　　　　　　　　　　　　　　　　　　　　总监理工程师（签字、加盖执业印章）

　　　　　　　　　　　　　　　　　　　　　　　　　　年　月　日

注：本表一式三份，项目监理机构、建设单位、施工单位各一份。

表 A.0.6 旁站记录

工程名称：　　　　　　　　　　　　　　　　　　　　　　　　　　　　　编号：

旁站的关键部位、关键工序		施工单位	
旁站开始时间	年 月 日 时 分	旁站结束时间	年 月 日 时 分
旁站的关键部位、关键工序施工情况：			
发现的问题及处理情况：			
旁站监理人员（签字） 　　　　　　　　　　　　　　　　　　　　年　　月　　日			

注：本表一式一份，项目监理机构留存。

表 A.0.7 工程复工令

工程名称：_____　　　　　　　　　　　　　　　　　编号：_____

致：_____（施工项目经理部）

　　我方发出的编号为_____《工程暂停令》，要求暂停施工的_____部位（工序），经查已具备复工条件。经建设单位同意，现通知你方于_____年_____月_____日_____时起恢复施工。

　　附件：工程复工报审表

　　　　　　　　　　　　　　　　　　　　　　　　　　　　项目监理机构（盖章）

　　　　　　　　　　　　　　　　　　　　　　　　　　总监理工程师（签字、加盖执业印章）

　　　　　　　　　　　　　　　　　　　　　　　　　　　　　　　年　月　日

注：本表一式三份，项目监理机构、建设单位、施工单位各一份。

表 A.0.8 工程款支付证书

工程名称：　　　　　　　　　　　　　　　　　　　　　　　　　　编号：

致：_____（施工单位）

　　根据施工合同约定，经审核编号为_____工程款支付报审表，扣除有关款项后，同意支付工程款共计（大写）_____（小写：_____）。

其中
1. 施工单位申报款为：
2. 经审核施工单位应得款为：
3. 本期应扣款为：
4. 本期应付款为：

附件：工程款支付报审表及附件

项目监理机构（盖章）

总监理工程师（签字、加盖执业印章）

年　月　日

注：本表一式三份，项目监理机构、建设单位、施工单位各一份。

表 B.0.1 施工组织设计/(专项) 施工方案 报审表

工程名称：　　　　　　　　　　　　　　　　　　　　　　　　　　　　编号：

致：_____(项目监理机构)
　　我方已完成_____工程施工组织设计/(专项)施工方案的编制和审批,请予以审查。

　　附件：□ 施工组织设计
　　　　　□ 专项施工方案
　　　　　□ 施工方案

施工项目经理部（盖章）

项目经理（签字）

年　　月　　日

审查意见：

专业监理工程师（签字）

年　　月　　日

审核意见：

项目监理机构（盖章）

总监理工程师（签字、加盖执业印章）

年　　月　　日

审批意见（仅对超过一定规模的危险性较大的分部分项工程专项施工方案）：

建设单位（盖章）

建设单位代表（签字）

年　　月　　日

注：本表一式三份，项目监理机构、建设单位、施工单位各一份。

表 B.0.2　工程开工报审表

工程名称：　　　　　　　　　　　　　　　　　　　　　　　　　　　编号：

致：_____（建设单位）
　　_____（项目监理机构）

我方承担的_____工程，已完成相关准备工作，具备开工条件，申请于_____年_____月_____日开工，请予以批准。

附件：证明文件资料

施工单位（盖章）

项目经理（签字）

年　　月　　日

审核意见：

项目监理机构（盖章）

总监理工程师（签字、加盖执业印章）

年　　月　　日

审批意见：

建设单位（盖章）

建设单位代表（签字）

年　　月　　日

注：本表一式三份，项目监理机构、建设单位、施工单位各一份。

表 B.0.3 工程复工报审表

工程名称：　　　　　　　　　　　　　　　　　　　　　　　　　　　　　　编号：

致：_____（项目监理机构）

编号为_____《工程暂停令》所停工的_____部位（工序）已满足复工条件，我方申请于_____年_____月_____日复工，请予以审批。

附件：证明文件资料

施工项目经理部（盖章）

项目经理（签字）

年　　月　　日

审核意见：

项目监理机构（盖章）

总监理工程师（签字）

年　　月　　日

审批意见：

建设单位（盖章）

建设单位代表（签字）

年　　月　　日

注：本表一式三份，项目监理机构、建设单位、施工单位各一份。

表 B.0.4　分包单位资格报审表

工程名称：_____　　　　　　　　编号：_____

致：_____(项目监理机构)

　　经考察,我方认为拟选择的_____(分包单位)具有承担下列工程的施工或安装资质和能力,可以保证本工程按施工合同第_____条款的约定进行施工或安装。请予以审查。

分包工程名称(部位)	分包工程量	分包工程合同额
合计		

附件：1. 分包单位资质材料
　　　2. 分包单位业绩材料
　　　3. 分包单位专职管理人员和特种作业人员的资格证书
　　　4. 施工单位对分包单位的管理制度

施工项目经理部(盖章)

项目经理(签字)

年　月　日

审查意见：

专业监理工程师(签字)

年　月　日

审核意见：

项目监理机构(盖章)

总监理工程师(签字)

年　月　日

注：本表一式三份,项目监理机构、建设单位、施工单位各一份。

表 B.0.5 施工控制测量成果报验表

工程名称：　　　　　　　　　　　　　　　　　　　　　　　　　　　　编号：

致：＿＿＿＿＿＿＿＿＿＿＿＿＿＿＿＿＿＿＿＿＿＿＿（项目监理机构）

　　我方已完成＿＿＿＿＿＿＿＿＿＿＿＿＿＿＿＿＿＿＿＿＿的施工控制测量，经自检合格，请予以查验。

　　附件：1. 施工控制测量依据资料

　　　　　2. 施工控制测量成果表

施工项目经理部（盖章）

项目技术负责人（签字）

年　　月　　日

审查意见：

项目监理机构（盖章）

专业监理工程师（签字）

年　　月　　日

注：本表一式三份，项目监理机构、建设单位、施工单位各一份。

表 B.0.6 工程材料、构配件、设备报审表

工程名称： 编号：

致：_____(项目监理机构)

　　于_____年_____月_____日进场的拟用于工程_____部位的_____,经我方检验合格,现将相关资料报上,请予以审查。

　　附件：1. 工程材料、构配件或设备清单
　　　　　2. 质量证明文件
　　　　　3. 自检结果

施工项目经理部（盖章）

项目经理（签字）

年　月　日

审查意见：

项目监理机构（盖章）

专业监理工程师（签字）

年　月　日

注：本表一式二份，项目监理机构、施工单位各一份。

表 B.0.7 _____报审、报验表

工程名称：   编号：

致：_____(项目监理机构)

 我方已完成_____工作，经自检合格，请予以审查或验收。

  附件：□ 隐蔽工程质量检验资料

    □ 检验批质量检验资料

    □ 分项工程质量检验资料

    □ 施工实验室证明资料

    □ 其他

              施工项目经理部（盖章）

           项目经理或项目技术负责人（签字）

                 年 月 日

审查或验收意见：

                项目监理机构（盖章）

                专业监理工程师（签字）

                 年 月 日

注：本表一式二份，项目监理机构、施工单位各一份。

表 B.0.8 分部工程报验表

工程名称： 编号：

致：_____（项目监理机构）

　　我方已完成_____（分部工程），经自检合格，请予以验收。

　　附件：分部工程质量资料

施工项目经理部（盖章）

项目技术负责人（签字）

年　月　日

验收意见：

专业监理工程师（签字）

年　月　日

验收意见：

项目监理机构（盖章）
总监理工程师（签字）

年　月　日

注：本表一式三份，项目监理机构、建设单位、施工单位各一份。

表 B.0.9 监理通知回复单

工程名称：　　　　　　　　　　　　　　　　　　　　　　　编号：

致：_____（项目监理机构）

　　我方接到编号为_____的监理通知单后，已按要求完成相关工作，请予以复查。

　　附件：需要说明的情况

施工项目经理部（盖章）

项目经理（签字）

年　　月　　日

复查意见：

项目监理机构（盖章）

总监理工程师/专业监理工程师（签字）

年　　月　　日

注：本表一式三份，项目监理机构、建设单位、施工单位各一份。

表 B.0.10 单位工程竣工验收报审表

工程名称：　　　　　　　　　　　　　　　　　　　　　　　　　　　　编号：

致：_____（项目监理机构）

　　我方已按施工合同要求完成_____工程，经自检合格，现将有关资料报上，请予以验收。

　　附件：1. 工程质量验收报告
　　　　　2. 工程功能检验资料

施工单位（盖章）

项目经理（签字）

年　月　日

预验收意见：

　　经预验收，该工程合格/不合格，可以/不可以组织正式验收。

项目监理机构（盖章）

总监理工程师（签字、加盖执业印章）

年　月　日

注：本表一式三份，项目监理机构、建设单位、施工单位各一份。

表 B.0.11 工程款支付报审表

工程名称：　　　　　　　　　　　　　　　　　　　　　　　　　　　编号：

致：_____(项目监理机构)

根据施工合同约定,我方已完成_____工作,建设单位应在_____年__月__日前支付工程款共计(大写)_____(小写：_____),请予以审核。

附件：

- ☐ 已完成工程量报表
- ☐ 工程竣工结算证明材料
- ☐ 相应支持性证明文件

施工项目经理部(盖章)

项目经理(签字)

年　月　日

审查意见
1. 施工单位应得款为：
2. 本期应扣款为：
3. 本期应付款为：
附件：相应支持性材料

专业监理工程师(签字)

年　月　日

审核意见：

项目监理机构(盖章)

总监理工程师(签字、加盖执业印章)

年　月　日

审批意见：

建设单位(盖章)

建设单位代表(签字)

年　月　日

注：本表一式三份,项目监理机构、建设单位、施工单位各一份；工程竣工结算报审时本表一式四份,项目监理机构、建设单位各一份、施工单位二份。

表 B.0.12 施工进度计划报审表

工程名称：_____　　　　　　　　　　　　　编号：_____

致：_____（项目监理机构）

　　根据施工合同约定，我方已完成_____工程施工进度计划的编制和批准，请予以审查

　　附件：□ 施工总进度计划

　　　　　□ 阶段性进度计划

施工项目经理部（盖章）

项目经理（签字）

年　月　日

审查意见：

专业监理工程师（签字）

年　月　日

审核意见：

项目监理机构（盖章）

总监理工程师（签字）

年　月　日

注：本表一式四份，建设单位、项目监理机构、设计单位、施工单位各一份。

表 B.0.13 费用索赔报审表

工程名称：　　　　　　　　　　　　　　　　　　　　　　　　　　　　编号

致：_____（项目监理机构）

根据施工合同_____条款，由于_____的原因，我方申请索赔金额（大写）_____，请予批准。

索赔理由：_____
_____
_____

附件：□ 索赔金额计算

　　　□ 证明材料

施工项目经理部（盖章）

项目经理（签字）

年　月　日

审核意见：

□ 不同意此项索赔。

□ 同意此项索赔，索赔金额为（大写）_____。

同意/不同意，索赔的理由：_____
_____
_____

附件：□ 索赔审查报告

项目监理机构（盖章）

总监理工程师（签字、加盖执业印章）

年　月　日

审批意见：

建设单位（盖章）

建设单位代表（签字）

年　月　日

注：本表一式三份，项目监理机构、建设单位、施工单位各一份。

表 B.0.14 工程临时/最终延期报审表

工程名称： 编号

致：_____(项目监理机构)
　　根据施工合同_____(条款)，由于_____的原因，我方申请工程临时/最终延期_____(日历天)，请予批准。
　　附件：1. 工程延期依据及工期计算
　　　　　2. 证明材料

施工项目经理部（盖章）

项目经理（签字）

年　　月　　日

审核意见：
　　□ 同意工程临时/最终延期_____(日历天)。工程竣工日期从施工合同约定的_____年_____月_____日延迟到_____年_____月_____日。
　　□ 不同意延期，请按约定竣工日期组织施工。

项目监理机构（盖章）

总监理工程师（签字、加盖执业印章）

年　　月　　日

审批意见：

建设单位（盖章）

建设单位代表（签字）

年　　月　　日

注：本表一式三份，项目监理机构、建设单位、施工单位各一份。

表 C.0.1 工作联系单

工程名称： 编号：

致：_____

发文单位

负责人（签字）

年　月　日

表 C.0.2 工程变更单

工程名称：　　　　　　　　　　　　　　　　　　　　　　编号：

致：_____

由于_____原因，兹提出_____工程变更，请予以审批。

附件：

☐ 变更内容

☐ 变更设计图

☐ 相关会议纪要

☐ 其他

变更提出单位

负责人

年　月　日

工程量增/减	
费用增/减	
工期变化	

施工项目经理部（盖章） 项目经理（签字）	设计单位（盖章） 设计负责人（签字）
项目监理机构（盖章） 总监理工程师（签字）	建设单位（盖章） 负责人（签字）

注：本表一式四份，建设单位、项目监理机构、设计单位、施工单位各一份。

表 C.0.3 索赔意向通知书

工程名称： 编号：

致：＿＿＿＿＿＿＿＿＿＿＿＿＿＿＿＿＿＿＿＿＿＿＿＿＿＿＿＿＿＿＿＿＿＿＿＿

　　根据施工合同＿＿＿＿＿＿＿＿＿＿＿＿＿＿＿＿（条款）约定，由于发生了＿＿＿＿＿＿＿＿＿＿＿＿＿＿＿＿＿＿＿事件，且该事件的发生非我方原因所致。为此，我方向＿＿＿＿＿＿＿＿＿＿＿＿＿＿＿＿＿＿（单位）提出索赔要求。

　　附件：索赔事件资料

提出单位（盖章）

负责人（签字）

年　　月　　日

附录2 建筑工程资料信息化

1. 资料管理趋势

建筑工程资料管理贯穿于工程项目管理的全过程，是建筑工程管理工作中的重要组成部分，是对工程进行检查、维护、管理、使用、改建和扩建的原始依据。从施工准备、施工到竣工验收，每一阶段都涉及大量的工程资料，而资料的实时性、有效性在传统纸质文档管理模式下无法得到很好的保障。

针对上述问题，目前市场上不少企业或者软件开发公司依据工程资料管理相关规程标准，研发工程资料管理信息化系统并应用于工程实际之中。信息化手段在建筑工程资料管理中的推广运用，大大提高了资料管理水平，一定程度上解决资料的真实性、实时性、有效性不足等问题。目前常用的建筑工程资料管理软件主要有筑业资料管理软件、品茗施工资料制作与管理软件、PKPM建筑工程资料等。

2. 资料编制案例

以品茗施工资料制作与管理软件为例，对常用资料软件的编制使用进行介绍。

（1）表格来源 品茗施工资料软件包含全国各省市房建资料表格，专注资料产品开发服务十余年，市场运用广泛。如附录图1为浙江省建筑工程资料模板。

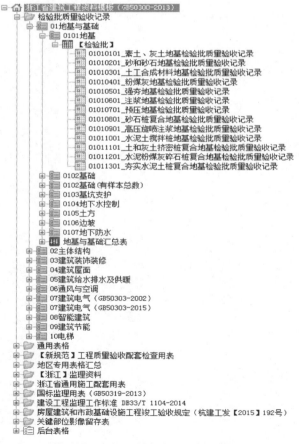

附录图1 浙江省建筑工程资料模板

（2）表格查找　软件模板中包含检验批、施工记录用表、监理类用表等大量表格，如何快速的找到自己想要的表格是有效率的进行表格编制的关键。表格查找可以通过两种方式实现：方式一，模板区按照表格属性进行归类，可按照专业划分逐级展开找到相要的表格；方式二，通过查找功能快速定位筛选，如需查找"土方开挖检验批"，方式二具体操作如下：

① 点击主菜单中的【查找】按钮或按下快捷键 Ctrl+F，如附录图 2 的查找界面。

附录图 2

② 输入关键字"土方开挖"，选择查找范围"模板目录"，找到表格并预览，如附录图 3 界面。

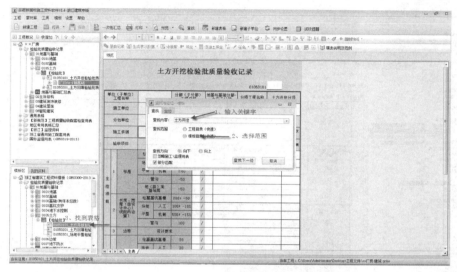

附录图 3

③ 用搜索引擎式的定位，定位后直接创建表格，如附录图 4 界面。

附录图 4

（3）表格编制　如附录图 5 为一检验批表格编制过程。

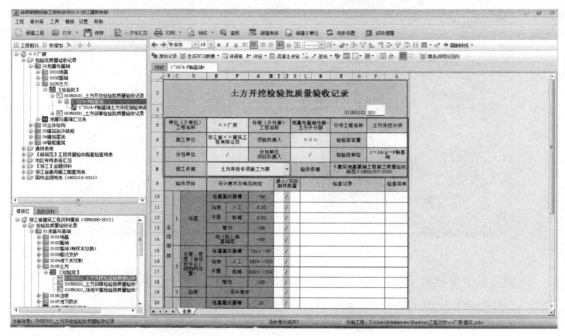

附录图 5

软件中创建的表格将会把项目负责人等表头基本信息自动写入到表格中，如需批量调整可在工程概况中统一设置（此步骤也常用在新建工程时），如附录图 6。

另外，关于检验批容量的填写，检验批中涉及多种类型的检查项目，如土方开挖中涉及面积、长度、宽度、边坡等多种容量参数同时检查时，可通过选择按钮进入检验批容量界面进行自由选择填写，如附录图 7。

软件将自动进行最小抽样及实际抽样数量的计算，如附录图 8 界面。

每项检查依据可随时查看填表说明，如附录图 9 界面。

若还不清楚如何填写，还可参考范例直接套用，如附录图 10 界面。

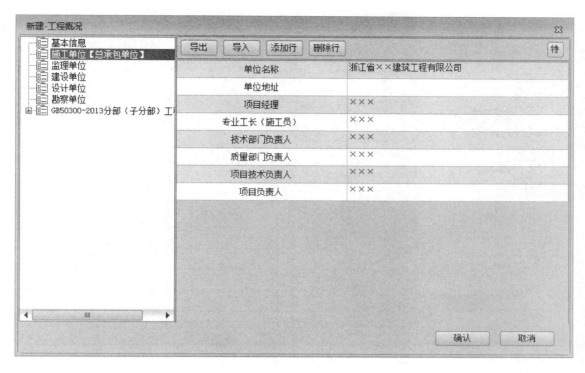

附录图 6

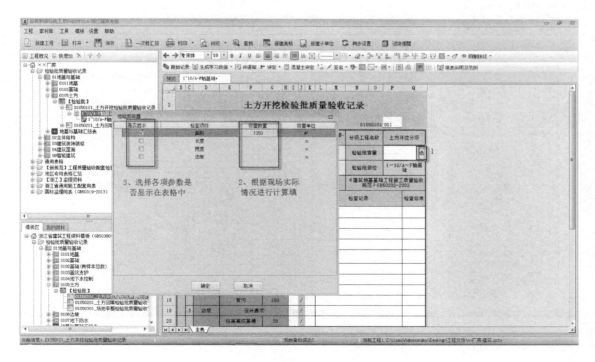

附录图 7

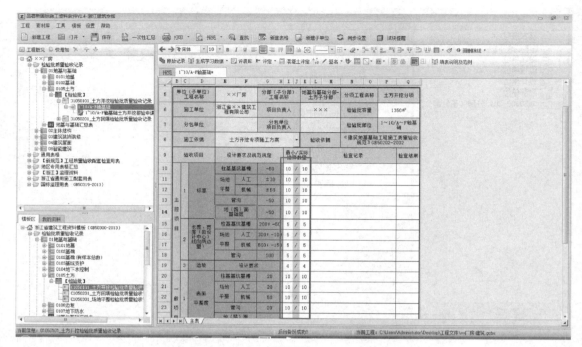

附录图 8

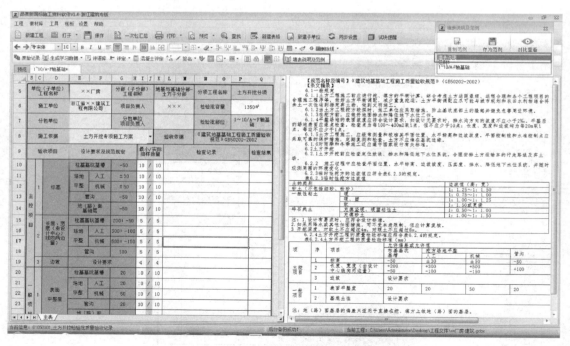

附录图 9

附录图 10

通过点击【原始记录】可自动根据检验批中的实际抽样数量生成相应的原始记录表格，针对允许偏差项，还会生成相应的学习数据，也可通过【生成学习数据】再次刷新，对已超偏数据进行"△"标识，如附录图 11 界面。

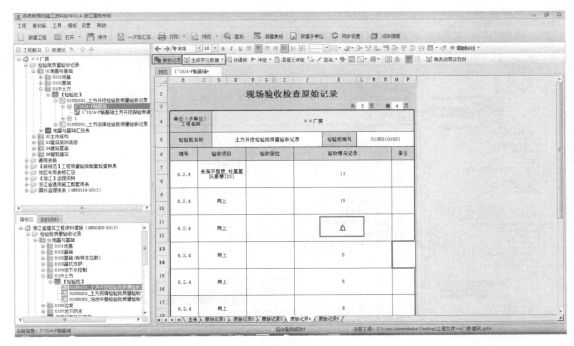

附录图 11

点击【评定】后将自动生成评定结论，评判是否合格。如附录图12界面。

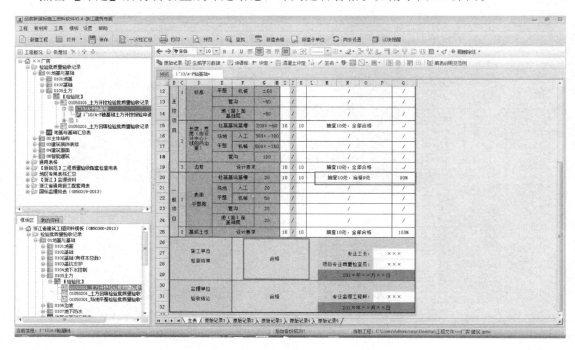

附录图12

（4）报审表填写　软件将自动根据检验批生成匹配的报审表，直接打印找相应负责人签字即可，如附录图13界面。

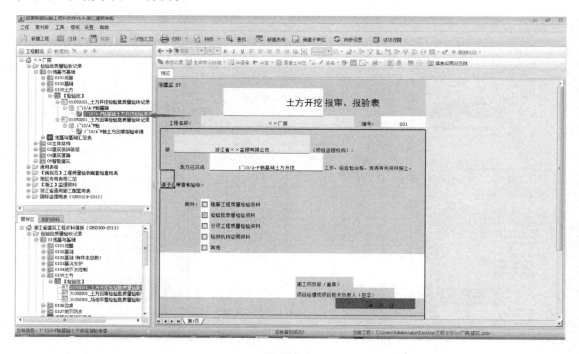

附录图13

(5) 分项分部汇总　点击【一次性汇总】，即可自动进行汇总。如附录图 14 和附录图 15 界面。

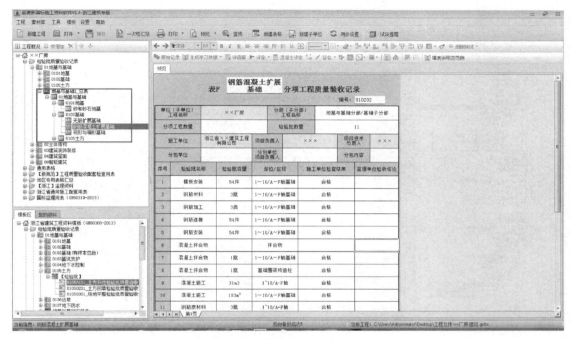

附录图 14

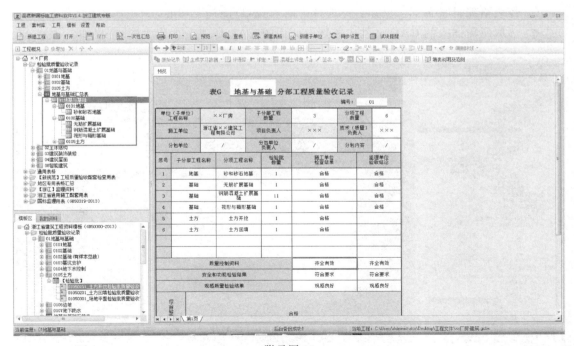

附录图 15

(6) 图片插入　做隐蔽记录时，经常要用到 CAD 中的一些节点详图，在资料编制过程中，可通过以下方式插入图片。

如果电脑上有 AutoCAD 软件，可通过插入 CAD 图片添加，图片更清晰，调整更方便并不易失真，还可选中图片进行再次编辑。如图附录 16 界面。

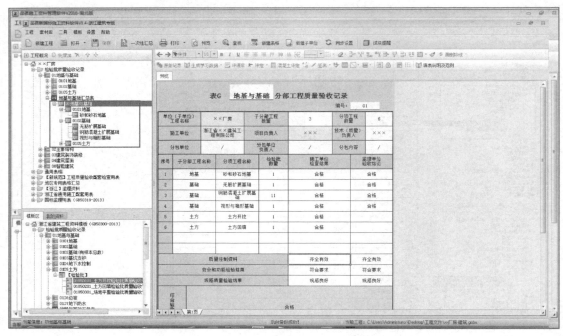

附录图 16

① 在表格编辑状态下，鼠标右键选择"插入 CAD 图片"功能。
② 选取所需插入的 CAD 文件，并选取调用的 CAD 版本，如附录图 17 界面。

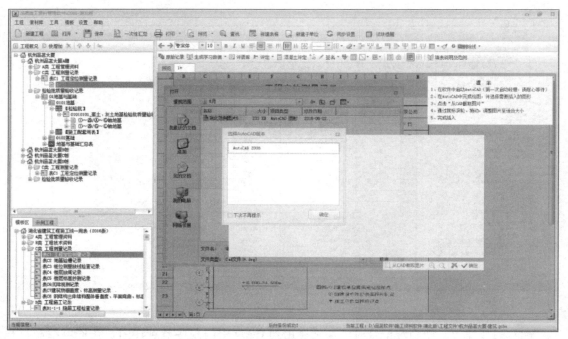

附录图 17

③ 切换到CAD软件中，用鼠标选中所需要的图形区域，如附录图18界面。

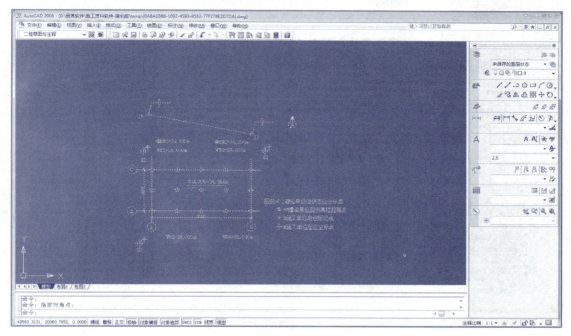

附录图18

④ 切换到资料软件中，选择"从CAD截取图片"，如附录图19界面。

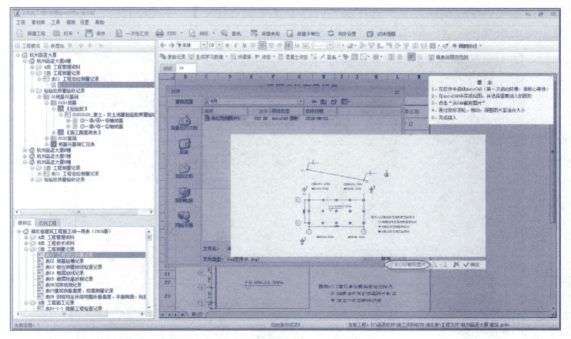

附录图19

⑤ 通过鼠标点选拖拉滚轮缩放图形调整至合适位置后，确定插入。如需重新截取或修改，可选中图片右键"编辑CAD图片"进行再次调整。如附录图20界面。

附录图 20

（7）检测评定　混凝土报告拿到后，如何准确、快速的评判这个批次是否合格，如附录图 21 混凝土试件抗压强度检测报告，可知此组试块抗压强度代表值为 44.7MPa，汇总其他同类检测报告中的试块代表值进行录入后点击【混凝土评定】。可通过软件中"标准养护混凝土试块强度评定表"辅助评定，如附录图 22。

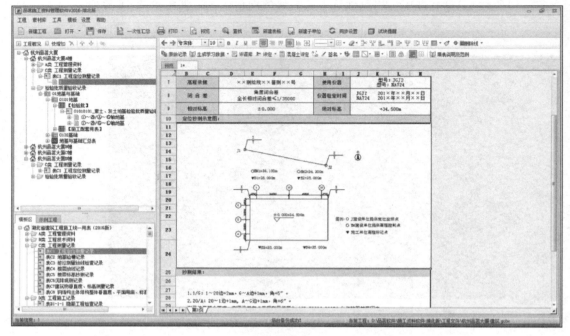

附录图 21

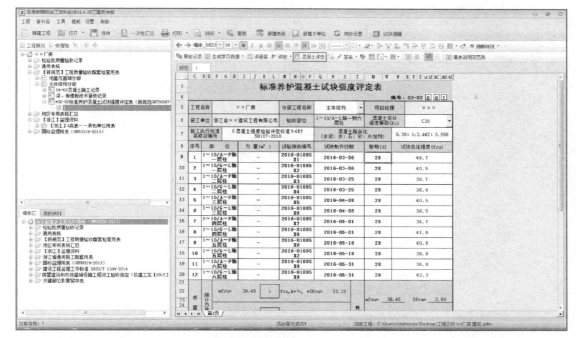

附录图 22　混凝土评定界面

软件自动根据实际强度组数进行评定，10 组以下自动用非统计方式评定，10 组及以上用统计方式评定。若数据过多单页不够填写，可通过追加复制页方式进行多页数据填写评定。砂浆评定也可通过【混凝土评定】按钮进行评定，方法同上。